親愛的，妳還可以是妳自己

許書華醫師陪妳聊那些
童話故事後的未完待續
••••

許書華／著

目錄

目錄 

目錄

目錄

【自序】我是女人，也樂於生為女人

文字能夠做什麼？如果我腦中攢動的想法，心中有過的感動，能夠透過寫下的每一段話、每個小故事，同樣帶給別人溫暖與啓發，這是很幸福的事，我希望自己擁有這樣的力量。

雖是因爲參與防疫大作戰影片拍攝打開知名度，但其實追蹤我粉絲專頁的老朋友就知道，最初我是以文字開始認識大家。

無論是醫學衛教、女性身心、親子互動、人間觀察，若說我的文字及專業曾經打動或幫助過你而串起彼此的連結，我會非常開心。

雖說出書的規畫已有一段時日，也相繼接到不少出版社的邀約，但籌備寫出大綱是一回事，規律的產出、集結文字大軍成書又是另一回事。

在還沒集結成冊前，我稱自己爲文字創作者，現在集結成冊了，若因此多斜槓一個作家的身分，還真是要萬分感謝自己的堅持及眾人的幫忙，讓我人生其一重大的目標和理想，得以成真！

妳喜歡當個女人嗎？女人是複雜的設計，生理上有每個月報到的好朋友，可能經歷懷孕生育，以及後續更年期的過渡。

心理上，不同時期有各式各樣的生活課題、煩惱、憧憬需要面對：戀愛關係、結婚與否、婚後經營、婆媳問題、要不要生孩子，怎麼兼顧工作和家庭……

女性面對的，不只是生理的複雜，許多生活重大事件和社會文化上待突破的教條或制約混雜後，更產生複雜的心理衝擊，而這多重碰撞製造的火花，造就了一則一則笑淚交織、讓生活更具重量的故事。

我喜歡當女人，但即使走到當今的時代、親身經歷後，我也深刻體會，想走出所謂「活出自己」的女性之路並不人人順遂，勇敢去面對許多挑戰是必須，再將這些左支右絀、悲傷、難過、心碎，化作自己的養分，才能一步步站穩，更發自信、展露光芒。

基於想整理關於女性身心方面的內容，我創立了〈許書華醫師，陪妳寫日記〉臉書專頁。

我自己是位醫師，也曾在身爲女性的角色上感到困頓，繼而從挫折中學習。我在療癒過程中接觸到女性身心醫學領域，希望能以分享的角度，去幫助有相同困擾的人。

一直以來，我很好奇於這些聽起來天眞，也可能有些小家子氣的問題：永恆完滿的伴侶關係是否可遇不可求？若關係很難維持又必須怎樣去追求或保護？

很多人感嘆結婚前後大不同，懷孕、養孩子前後差很多，更年期前後又是不同風景……要怎麼協助正值人生重大轉捩時期的女人、男人平順度過身心各項難關，是我想持續努力的目標。

繁忙的生活，日子一天一天過，除了醫師正職，我也是醫學院老師、正在攻讀博士班的學生，更是妻子、兩個孩子的媽，以及父母的寶貝女兒。

身兼多重角色被生活推著走的感覺，就好像後頭有大浪，必須持續往前跑。在這樣的生活步調中，蜷在我家沙發上進行文字創作的時刻，反倒顯得彌足珍貴也悠遊自在，是難得能讓時間靜止下來，咀嚼反思生活的重要片段。

偶爾想換個創作環境並兼顧防疫考量，就和先生週末到不同的飯店、民宿報到，換個地方運轉大腦。

感謝各大飯店旅宿、台灣美景給我的靈感，以及先生的默默相伴。你常說，我開啓寫作模式時，就好像陷入一個不同的時空，極專注投入卻也樂在其中，想必是眞的很喜歡。

的確，能專注於自己熱愛的事物是種幸福，但也是奢侈。因爲有你的包容和支持，我才能夠徜徉其中，完成這本書。

1 那些年追逐愛情的我們

你有多久，沒有奮不顧身追逐了呢？

有些東西，留在那已忘了ＩＤ的ＢＢＳ信箱，留在走入歷史的無名小站，留在有點泛黃的信紙，留在你那本祕密日記。一間間名爲回憶的銀行，存儲著年少時大把大把的鈔票。隨著年歲增長，繁忙的步調讓你無暇去咀嚼生活，但因某個契機，偶然提領出來的記憶片段，也足以讓你淚流不止。

現實面。

七年，這是個說長不長、說短不短的時間。只是這個七年與我們的青春重疊，也長得足夠讓我體會什麼是愛情的青澀、愛情的義無反顧、到愛情的現實面。

故事的起頭，來自一個太陽西斜的夏日午後。

一個活潑過頭的女孩——太陽，身上沒有任何一絲浮華，純淨地與映射在她背後的陽光共舞。

而他就這樣在教室的角落靜靜地看著。假如喜歡一個人需要衝動，那麼男孩也只是想將這樣的感覺占爲己有。

隨著學期過去，在那個聊天軟體不甚發達的年代，每夜在ＢＢＳ的郵件、水球，都讓他們有機會更熟悉彼此。

記得有一次，爲了拯救男孩的國文出席率，他們進行了一場交易。交易的內容是：太陽會打扮去上課，而男孩必須出席那堂翹到不像話的國文課。

那天，男孩遲到了，急忙拎著早餐、踩著腳踏車前往上課地點，在課程進行約三分之一時抵達。他十分好奇太陽到底會如何打扮：就是將長髮綁成公主頭，就這樣！

在那個還不懂什麼是眼妝、底妝的十八歲，太陽對裝扮的定義就是：洋裝與公主頭！十分單純。但也就是這樣的簡單與自信，讓男孩心動不已。

對太陽來說，她喜歡男孩的直率與溫暖，雖開朗得像個大孩子，卻意外擁有成熟、善於分析，穩定人心的療癒力。她曾冒雨在路上奔跑了十五分鐘，只爲擺脫車陣，趕上男孩那場重要的籃球比賽。他們都喜歡音樂，當太陽唱起歌，男孩就扮起評審，讓那充滿靈性與純淨、帶點氣音的歌聲，將彼此帶入清澈寧靜之中。

年輕時戀愛不需要思考太多，只要在一起開心、享受當下，彷彿就能上山下海、無所不能，他們也覺得能一直這樣持續下去！

太陽的父母一直不贊同這段關係。過來人的世故或經驗，常一眼洞悉了關係的結局成敗。天不怕地不怕的青年男女只想打破成見，但叛逆只徒增了不諒解，也深化了歧見。

只是眞正讓這段關係無法延續的主因，無非是雙方對未來的想法及規畫越發不一致。當開始考量未來諸多現實：工作、經濟、職涯、家庭……會發現那些單純沉浸在音樂中、無憂無慮地快樂片段雖然可貴，卻又不足以永遠穩固地維繫住關係。喜歡和愛讓兩人走到一塊，但要持續相伴，卻不能夠只有愛。

若能拋開名爲現實的顧慮，我想我們眞的都喜歡那個窮得只有愛爲資產，卻無所懼、充滿熱力的彼此，對嗎？

往後的戀愛，太陽總若有似無地尋找起印象中，那個像陽光般溫暖又充滿童心的射手座男孩，直到遇見了麥特。

時間回到現在，看完電影〈那些年，我們一起追的女孩〉，觀眾陸續散場，太陽眼角的淚水卻久久不散。

麥特見狀，關心又帶點醋味地問：「怎麼哭了，是……想起誰了嗎？」

太陽也不明所以，她的眼淚似洩洪般潰堤不止，連自己都感到訝異。

所以妳為什麼哭？不一定是思念某個人，或惋惜一段關係。

更可能是感嘆，當年那只為愛的青澀、單純和勇敢，已然無法回頭。

致純真。

初戀：第一次上了癮！

1. 戀愛時，身體會釋放幾種神經傳導物質，包含催產素、多巴胺和去甲腎上腺素

（1）催產素，也稱為「愛的荷爾蒙」或「擁抱荷爾蒙」

除了和母親及孩子間緊密度有關，也會幫助我們產生依戀及親密感，變得更加開放和信任他人。研究顯示熱戀中的情侶腦內產生的催產素，是懷孕婦女的兩倍之多。

（2）多巴胺，為戀愛令人「成癮」的主因

釋放這種激素後，會活化大腦的獎勵中心，增進了所有獎勵的吸引力，使我們更積極採取行動。即便經歷了痛苦（如伴侶的欺騙或暴力），也努力尋求愛的回報。

（3）去甲腎上腺素，類似腎上腺素和多巴胺

會令人產生興奮感，這也是愛情中產生欲望或癡迷的要素。

2.當我們戀愛時，大腦會經歷「成癮」的機制

這是有多項研究證實的，因此第一次戀愛的確有其重要性。且許多的初次經驗（舉凡初吻、親密關係）大多發生在我們記憶力達顛峰的年紀，因荷爾蒙的交互作用，使記憶被印在大腦的感覺區域，因此當聽到某首相關的歌曲時，可能誘發我們對初戀的記憶。

這些記憶往往頗具影響力，可能影響我們之後的關係，譬如有些人會在之後的關係中，持續尋找類似的感情或特質。

3.初戀很難忘，但不代表初戀是你擁有的、唯一真實的愛

把初戀當成是人生其中一段學習經驗。將這樣的經驗轉化為教訓或啟發，有助於在茫茫人海找尋合適伴侶的過程中，指引自己一條更為適切的道路。

女人療心室：經前症候群&經前不悅症

「妳大姨媽來唷？心情不好？」
「就拍稻叮！一定是那個來齁？」

男性朋友如果發現哪位女同學或女同事某天臉特別臭、特別難相處，可能會有如此揣測。但這一定是正確的嗎？

說起女性生理期，太陽也覺得心情特別「矛盾」。月經來潮那幾天的確比較容易水腫、腹部悶脹，行動上也不如平時俐落自由；但若月經不來或者不規則，又可能暗示某種疾病；若談到更年期或停經，則代表卵巢功能的退化。

說月經是女性的「好朋友」是有道理的，月經能一定程度地反映女性身體的健康狀況，能與之和諧共處、琴瑟和鳴，就更能活出女性的優雅自在。

但有些女性，其實是飽受「經前症候群」，或更嚴重的「經前不悅症」困擾。

「經前症候群」是泛指女性在月經週期所出現的不適，包含身體及心理層面。值得注意的是，這些症狀會在月經來潮前約一星期左右就開始出現，然後在月經來潮時開始迅速改善，並在短短幾天內消失。

所以這種情況跟男性朋友想得可不一樣，不是月經來才臉臭，而是月經「快要來」，所以特別拍稻叮！

小又就有這樣的困擾，但她不是一般的經前症候群，而是更嚴重的「經前不悅症」。

小又是太陽大學打工時認識的朋友，通常是一個快樂的人，但一掉進經前不悅症週期，就變得十分易怒、情緒化且容易焦慮。

和小又一起共事，幾乎就像是和兩個不同的人相處。一個月當中，前兩個星期是「天使小又」，積極主動又友好，面對壓力也收放自如；但在月經來前一、兩週，負面的情緒會開始蔓延，「魔鬼小又」出現，直到身邊其他人都被淹沒。

太陽本以爲這是小又的個性使然，但發現實在是太有規律性了，忍不住和「天使小又」談談是否有就醫的必要性。

「妳也覺得我眞的很不一樣齁！我自己也覺得很分裂呀！每次月經要來之前，我就開始覺得自己一文不值，覺得自己是周圍每個人的負擔，變得脾氣暴躁又易怒，而且要專注在工作上變得好困難，幾乎每件小事都會讓我敏感地哭泣，感覺極度缺乏安全感，一般的社交互動都讓我焦慮萬分！煩死了！不過，當我月經來了以後，這些負面的情緒又結束了，我會回到那個快樂的我，下了班來個音樂就能隨之起舞的我，那個大家都喜歡，我自己也喜歡的我，哈哈！不過說實在的，這樣的波動還是非常讓我困擾呀。」

「老實說，若妳眞的覺得影響到妳的生活、工作，或者與別人的相處，還是建議到醫院諮詢看看。」

「也是，我兩個前男友都因爲這樣被我嚇跑了。就像某天早上醒來，我突然就充斥著無法控制的憤怒，開始憎恨這個世界，開始對每個人發脾氣。但有時不是憤怒，而是情緒非常低落、憂鬱，完全不想起床或和任何人交談，我腦子好像有個聲音成天跟著我，說我是個超級可怕的人，沒有人喜歡我，就算我消失了，也沒有人會在意……我想再溫柔的人也受不了這樣的我吧！

老實說，這樣的變化還眞不是我能控制的。沒辦法啊！每次發生時，我都覺得自己像個瘋子一樣難搞。我還曾有傷害自己的念頭……好在，我沒有眞的付諸行動對吧！根本就是每個月兩週的巨大精神折磨。」

「太嚴重了～我不能聽聽就算！快！不要再拖了，陪妳去看醫生！這是可以治療的，穩定服藥的話會好很多！」

像小又這樣，身體、心理的異常已經嚴重影響到工作、學業及人際關係，對個人功能造成損害，與經前症候群不同，這稱爲經前不悅症，是需要治療的。

就醫後，小又終於知道自己每個月「故障」的原因，也更清楚自己為何會有這樣的變化，並了解困境會過去。藥物治療確實減少了經前不悅症的發作次數，當確實又陷入強烈情緒和非理性思考時，她也能提醒自己這是「經前不悅症」在作怪。親密關係上，讓伴侶了解經前不悅症的特性，也有助於減少關係中的衝突。

後來因為學業工作忙碌，太陽結束了打工生活，和小又也較難常常聯絡。但某日接到小又從臉書捎來要結婚的喜訊，太陽心頭一暖，著實為小又感到高興。太陽知道這女孩不只學會和自己相處，更有另一個珍惜她的人，能陪伴她一起走這段「天使魔鬼人生」。

經前不悅症自我檢測與緩解之道

1.經前症候群

通常在月經前一至二週出現，會引發身心不適，但會在月經來潮後數天內緩解。生理不適包括：乳房脹痛、下腹腫脹、體重增加、四肢水腫、胃口改變等，心理上則有注意力不集中、易怒、沮喪或睡眠障礙等。多達75%的育齡女性，在一生中都可能會碰到幾次經前症候群。

2.自我檢測

下列11項中，若有5項以上在經前出現，月經來潮後數日即消失，且症狀嚴重影響到工作、學業及人際關係，對個人功能造成損害，則稱為經前不悅症。經前不悅症影響了3～8%育齡女性，需要尋求醫療協助。

□1.明顯憂鬱情緒、無望感，或出現自我貶抑感。
□2.顯著焦慮緊張、煩躁不安。
□3.情緒起伏明顯。
□4.易怒，或是人際互動變緊張。
□5.對原有活動失去興趣。
□6.注意力不集中。
□7.疲倦易累，無活力。
□8.食欲變化，嗜吃某些食物。
□9.睡眠變多或變少。
□10.瀕臨失控感。
□11.身體出現如乳房脹痛、頭痛、關節或肌肉痛、腹脹、體重增加等症狀。

3.經前症候群或經前不悅症的生理原因

（1）生理上對於月經週期內雌激素及黃體素的波動較為敏感，因此容易產生相關症狀

（2）情緒症狀的產生和神經傳導激素的分泌有關（例如血清素）

（3）具遺傳性

4.治療上以症狀緩解為首要目標

非藥物治療包含運動、鈣質、維生素D、維生素B6補充；藥物治療上以血清素再回收抑制劑為首選。

5. 經前不悅症必須和其他疾病如憂鬱症、恐慌症等區別

因此要確診，必須詳細記錄至少連續兩個月經週期的生理心理症狀來做鑑別診斷，也就是記錄月經週期的「症狀日記」。

所以提醒各位男性朋友們，若發現自己女友、老婆有這樣的困擾，除了幫她買衛生棉、紅豆湯、做家事外，「陪她寫日記」也是個體貼的選擇喲！

2 妳的 Mr. Right！

那年的夏天異常璀璨，在墾丁的海灘上，天空放著煙花，人潮熙熙攘攘，盡是狂歡的氣氛。自兩人爲中心外推一公尺，形成一個添了降噪效果的圓，所有聲音雜訊巧妙地被阻隔在他倆之外。無需言語，很自然地，麥特擁抱了她。

太陽和麥特是透過朋友介紹認識的。

「別和他在一起呀。」

這是初次見面時心裡的聲音。太陽只談過一次戀愛，經驗值不多，但眼前的男子有股亦正亦邪的氣息，聽說情史豐富，恐怕非自己能駕馭的類型。雖是這樣提醒自己，也禁不住帶著份好奇，參雜著觀望，抽出些投入，以朋友的姿態開始認識彼此。

麥特也是一位醫師，比太陽大兩歲。他的聲音很好聽，有份沉穩的力量。討論事情時，言談中那實事求是的態度令人安心，有著提出看法解決問題的眞誠，而非盡是譁眾取寵的詞句。幾個夜裡，他們透過MSN從鍵盤上敲敲打打保持聯繫，聊日常、聊醫院生活、聊觀點，還有言不及義的風花雪月。原本的閒來無事，竟也聊出依賴和期盼。

年輕的時候，總以爲未來的人生裡還會遇見許多人，還會找到很多能跟你互相連結的、眞正溝通的人，但年歲漸長後，才會明白這樣的人，其實是屈指可數。

「或許我們能這樣聊很久很久也不覺得膩。」太陽說。

「我也這樣覺得。」他回應了一個笑臉，在捨不得說晚安的夜。

幾天後的一次約會，麥特給了太陽一支手機。「這支手機給妳，我去辦的，這門號網內互打不用錢，以後聊天就更方便了！」

看到手機，太陽笑了，同時也哭了，這反應讓麥特手足無措，「妳怎麼反而哭了！我是覺得這樣我們能聊更久，而且隨時都能聯繫……」

「謝謝你，我眞的很開心。」這是太陽第一次對麥特卸下心防。

回想起來，這男人表達愛情的方式就是這樣，不是鮮花巧克力，而是日常細節的務實體貼。

以往平凡無奇的每一天，會因爲彼此闖進對方生活，讓整個夏日搖身變成一場場嘉年華派對。每天都神采奕奕充滿動力，彷彿只要兩個人一起，即便上山下海，飛天遁地，都能輕易辦到。

「妳知道衝浪最重要的精神是什麼嗎？」

「是什麼？」女孩笑問著。

「是等待！等個好的浪來！」

愛情故事中，少不了那幾個令人難以忘懷的經典畫面，即便多年後回想，仍舊歷歷在目。在烏石港那個等待浪花的男孩，身上結晶的鹽粒在陽光的映照下，整個人顯得格外耀眼。即便後來兩人關係經歷起落無常，這畫面也始終深深烙印在太陽記憶中，是每次提取都感到溫暖的復刻回憶。

自然而然地因爲愛，他們後來結了婚，有了兩個寶貝，但並非從此只過著幸福快樂的日子。

他們在生活中互相扶持、相互進退，互相包容、磨合、妥協，也曾經歷無數爭吵、外遇事件，甚至討論過離異。

愛情很美，我們都想停在最璀璨的那個環節。但一份完整的愛情，或許就是由後續這些不完美，釀出愛情更濃厚的底蘊，及無可取代的醍醐味。

如何在愛中維持熱度

雙手冒汗、心跳加速、臉頰泛紅，腦部神經傳導物質釋放出欣快感，相處越久，越如成癮般離不開，當需要短暫分開時，也彷彿吸毒戒斷一樣情緒不穩，紛亂焦慮。以上都是熱戀時，因多巴胺、催產素、去甲腎上腺素帶來的效應。我們的確樂於沈浸於熱戀中，但是否這樣的熱情終將隨時間淡去呢？

1. 強烈的浪漫愛情可以持續一生?!

人們普遍認為隨著時間的推移，浪漫的愛情會逐漸消失，我們都對長期婚姻中的浪漫愛情可能性感到疑惑。但美國心理學會的研究顯示，浪漫的愛和關係長短無關。浪漫愛情可以在長期關係中存在，且與關係的滿意度相關。

有學者提出婚姻中過多而持續性的迷戀可能導致注意力分散及不適應現實，使一對充滿激情的夫妻或伴侶無法履行父母或工作上、現實上的責任義務，及與親朋好友的社交活動。浪漫的愛可能漸漸因為適應而退去激情，但這反倒促進了持續的伴侶關係，使伴侶即使在出現問題時也能保持在一起。二〇一一年發表在《社會認知與情感神經科學》雜誌上的研究也表示：長期的浪漫愛情是有可能的。

研究將平均婚齡21年以上的伴侶、和正值熱戀的人，藉由核磁共振比較腦部活動。結果顯示兩組人在大腦掌管獎勵及動機的區域，皆顯示相當的活躍性。其實我們的大腦是樂於追求長久浪漫愛情的，因為這樣的行為會帶來回報，例如焦慮感和壓力的降低、得到安全感或與他人的連結。

2.該怎麼做讓愛歷久彌新？

「生物心理學派伴侶諮商」創始人史丹．塔特金博士（Stan Tatkin）提出建立「情侶泡泡」重要性，認為建立伴侶間安全、支持性的環境十分重要，包含以下原則：

（1）將關係擺在第一位，互相支持保護：夫妻的需求優先於個人需求，互相保護的態度能創造出可以求助、得到安慰及關懷的地方，這是幸福關係的基本要件。

（2）適當處理「第三者」：「第三者」指主要夫妻關係外的任何人事物，包含孩子、寵物、姻親等。如何預防或處理第三者因入侵造成「情侶泡泡」被刺破十分重要。

（3）迅速修復爭吵與分歧：盡快處理伴侶間的裂痕或分歧，不讓其進一步發酵或影響癒合。

（4）製造並存儲快樂的記憶：當伴侶間積極創造彼此間的快樂，會使多巴胺激增，是製造情侶泡泡的重要成分。

3. 我們可以試試以下有趣的練習

（1）同步：當擁抱你的伴　時，開始感受伴　的呼吸，並逐步嘗試讓自己的呼吸與伴侶同步。

（2）墜入愛河：藉由增加彼此的脆弱感後來建立信任，並刺激催產素的產生。站著，然後讓自己向後倒在伴　的懷裡後，互換位置進行，如此重複幾次並分享經驗。

（3）靈魂凝視：站或坐在離對方大約一公尺遠的地方，彷彿要看透生命核心般深深地看着伴侶的眼睛約兩分鐘，然後談談彼此的感想。研究顯示相互注視可以迅速增加喜歡和愛，即使是在完全陌生的人身上也是如此。

（4）一起嘗試新事物：當一起嘗試新奇、刺激、具挑戰性的事物時，會提高伴侶體內血清素、多巴胺的濃度，有機會對彼此重新燃起吸引力的火花。

4. 保持對伴侶的好奇心，並幫助彼此實現自我

（1）持久而浪漫的愛，秘訣在於學習用技巧經營關係，而不將關係只留給機會或習慣。意識到自己並不真正完全了解伴侶，並持續探索、保持好奇，其實也意味著你保留了足夠的時間和關心在對方身上。

（2）給彼此生活保留一點獨立性，且短暫的分離可能重新點燃潛在的激情。另外讓伴侶有空間去做他們擅長、有熱情的事，如此對生活的熱情能延續到彼此的關係中。

（3）婚姻關係當中的兩個人就像兩個圓，保有完整的兩個圓，並讓兩個圓重疊、交集的部分越多，會讓彼此在婚姻中都更有成就感。

3 一場華麗的婚宴

親愛的太陽

謝謝妳這些日子以來的包容和體貼

雖然我總說妳是小麻煩　但其實妳是我最甜蜜的負擔

我知道有些時候我過於實際　不夠浪漫

有時候像個老頭愛碎碎唸　脾氣也不好

謝謝妳還是願意愛一個這麼多缺點的人
我答應妳　會認真改進

今天是我們在一起的第1245天
我們一起經歷了許多人生的重要轉折
開心的事我們一起分享
難過的事我們一起分擔
再困難我們也沒有放開彼此的手
我答應妳　將來會努力達成岳父大人對我的叮嚀
也會以他為榜樣當個好丈夫　打造一個我們溫暖的家

妳知道嗎　我最喜歡早上出門前
聽妳說的那句「搭領加油！等你下班！」
那總是神奇地讓我充滿勇氣與感到幸福

我願意一輩子聽到妳說這句話

我愛妳

我的好友　我的情人　我的摯愛

麥特

親愛的麥特，謝謝你為我做的這一切

你雖然瘦，吃都吃不胖

可是肩膀很寬

讓我可以很安心的依靠

雖然你總說自己脾氣差

但有時我犯了錯

為了不看到我驚慌失措的臉

你還是會笑笑的不罵我

讓我自己反省

這場婚禮真的忙死我們了

剛好又遇上你感冒

當我聽到你時不時的咳嗽聲
看到你累得躺在床上馬上就睡著的樣子
雖然心疼
但也覺得心裡好暖
我覺得就算這世界快塌了，還是有你在我身邊為我擋著
我什麼都不用怕

我答應你
會學著越來越體貼
會煮你喜歡的家常菜把你養胖
就算有時跟你鬧脾氣
最後也會很無賴的對你撒嬌
做你永遠很有活力、甜蜜蜜的老婆

未來的日子還很長
脫下這身白紗、華服、首飾後
星期一還是要去上班
一步步為茁壯我們小小的家而努力
生活難免不順遂
但只要有你在身邊　手牽著手
都能開開心心地走下去
親愛的老公
我愛你

太陽

婚後的某天，想起那段婚禮誓詞，格外覺得溫暖有趣，卻也五味雜陳。

說起結婚，簡單公證登記是一途，但若閒不下來，還眞是一拖拉庫的事等著去完成。

飯店、婚紗攝影至少半年前要預訂，流程如何進行、新人要進行什麼表演，和現場親友嘉賓有無互動橋段……婚禮活動安排，儼然成爲一場新人節目派對秀。

另外宴請賓客名單、桌位畫分、喜帖訂製發放、訂婚禮俗、喜餅訂製、花童要請誰，乃至新娘本身的瘦身美容、密集保養，猶如一場過關斬將的冒險之旅。

「我媽看農民曆說有幾個日子適合，要不要看一下？還有妳知道自己生辰八字嗎？」

「好！日子我剛剛查過了，不過這些好日子飯店都訂滿了，其實我們不一定要選宜嫁娶日，避開不宜的就好吧？啊要生辰八字幹嘛？」

「我媽說要拿去算，老人家就無聊！」

「算什麼呀？我們家沒有在看這個，我根本不知道我幾點幾分生的啊！命運要靠自己創造，算這些要做啥？」

「妳反應那麼大幹嘛，我就說妳不知道就好。那聘金妳們家是怎麼收的？」

「我媽說不是賣女兒，我們沒在收這個，倒是我跟你說一件事，之前你媽跟我講說隔壁鄰居娶妻，嫁妝是一輛百萬的車，我不知道跟我講這個幹嘛，但聽起來不是很舒服。」

「她就有嘴無心而已……我會跟她說。」

小倆口沉默了一陣。光是辦婚禮的溝通，有些事已不全然是兩個人說好就好，傳統習俗的繁文縟節、家庭觀念的落差，爲單純的愛情增添了複雜的因子，處理起來也頗耗神。

「你覺得要不要請個婚禮顧問啊？」

「不用啊！流程我們自己規畫就可以，飯店也有主持人，還要顧問幹嘛？」

「可是我們根本沒什麼時間去弄細節的事，沒有經驗，到時亂成一團，時間延遲太久怎麼辦？」

「嗯。可是還是要有預算概念啊！」

「是沒錯，我想說一輩子一次嘛，怕規畫不好會遺憾。」

一輩子一次是個魔咒。因爲這句話，有些事情妥協不了，也會成爲衝突的來源。

最讓太陽感覺溫暖開心的，是麥特願意陪她跳一支舞。從認識太陽這個能歌善舞的女孩開始，他就是扮演一個最佳聽衆與觀衆的角色，聽她唱、看她跳，這次願意在親友賓客前跳上一曲，對麥特是很大的突破和挑戰。

某段時間，兩人下班練舞，竟也成爲紓解婚宴壓力的甜蜜時光。這支融合韓語流行樂及國標經典舞曲兩段截然不同風格的舞蹈，引起全場觀衆驚嘆連連！

太陽唱了首〈我願意〉，用歌聲對麥特不加掩飾地告白，賓客帶上了他們的祝福，也紛紛感受回味起各自甜蜜的愛情故事，沉浸在浪漫粉紅泡泡中。

且讓女孩做一場成爲公主的夢吧！

專屬的新娘秘書，一件件奪目華麗的禮服，和互許終身的王子在衆人的祝福下交換誓詞、交換戒指、親吻，見證兩人童話般的愛情故事！

儘管我們也都了解，不會因爲辦了一場盛大的婚宴，自此婚姻就一帆風順、永遠幸福。

時間拉回現在，太陽翻開兩人寫的婚姻誓詞，調皮地問麥特：

「你還記得你結婚誓詞寫了什麼嗎？」

「誰還記得，就鬼話連篇吧！啊沒有啦我掌嘴。」

「所以你當初爲什麼想結婚啊？」

「想不開啊！妳看妳不是說要把我養胖？胖在哪？我的家常菜勒？」

「後！你很賤誒～你也還是囉哩叭唆的啊！那你現在還喜歡聽我在你出門前講『搭領加油！等你下班！』嗎？」

「妳有起來嗎？就睡得和豬一樣，一直打呼啊！妳看結婚誓詞是不是鬼話！」

兩人哈哈哈地笑成一片。

想不開的兩個人願意繼續在一起，也是傻得甜蜜吧！

婚宴背後該注意的事

根據霍爾姆斯（T.H. Holmes）和雷赫（R.H. Rahe）提出的生活事件壓力量表，結婚這件事其實位於榜上第7位，比退休（第10名）、懷孕（第12名）造成的生活壓力還高。

當然這個壓力不是只來自新娘，有1／4男性表示準備婚禮是他們一生中最緊張的經歷之一。

1.籌備婚宴的小叮嚀及原則

（1）雙方討論出重要／不重要列表

婚禮細節很多，有些人非常重視婚紗照，有些人注重婚宴場地，有些人覺得賓客不用多，賓主盡歡即可。

面對如此龐大的活動內容，兩人可以試著互相將認為重要或不重要的事件照順序列出，協調出屬於兩個人的清單並加以簡化，讓事情在明確的目標中進行，也有助於減輕籌備過程的壓力。

（2）接受不完美

有時我們會困於「一輩子一次」的迷思中，彷彿結婚的精華就體現在結婚當天，當完王子公主神仙眷侶後，有什麼事之後再說。但若一直抱持這樣的情境，可能結婚不一定就只是一生一次了……對完美的不切實際想像或過高的期望會讓我們陷入許多麻煩。

不要將婚宴視為軍備競賽，了解兩人的價值觀，這是場對兩人愛與團結的慶祝與祝福。

（3）傳統婚姻禮俗各有其背後意涵，但並非保證讓婚姻幸福的靈丹妙藥

有時名為為新人好，卻反倒形成壓力及製造隔閡，禮俗的因時制宜及兩人間的共識最為重要。

（4）愛無價

婚宴這天很重要，但千萬別忘記，人才是這一切的主角。

結婚本質是關於伴侶對彼此的承諾，想要共同一起生活的決定。婚禮的策畫過程其實也是這本質的體現，若婚宴當天的體面喜氣是由許多裂痕建構而起，也失去了兩人共築幸福的意義。

2.不要因為以下原因而結婚

另外也提醒，結婚並非人生的必要選項，尤其不要因為以下原因而結婚：

（1）不要因為自己「年齡到了」而結婚

看到朋友或同事紛紛走進家庭，結婚生子，擔心自己成為那最後一個孤單的人嗎？但若自己衡量過還不想踏入婚姻，還沒準備好，或覺得自己一個人沒什麼不好，就不用一定要結婚，草率的婚姻會帶來更多的衝突和困惑無助。

（2）不要為了證明自己「符合期待」而結婚

有些人基於家庭或社會期待、為了證明自己的未來在大多數人認定的「正軌」中行進著，或想證明自己的人生往幸福邁進了一大步而結婚。

但這些證明並沒有意義，是否願意和另一個人經營家庭，真誠相愛互信，願意維持長久關係，遠比形式上的婚姻重要。

（3）不要為了「被照顧」而結婚

幸福的婚姻，夫妻兩人更像是夥伴關係，都有具備在內照顧自己、在外獲取資源，並讓整個家庭運作更好的能力。

期待因為進入婚姻而持續受到他人提供的經濟保障或照顧是危險的，也可能導致自我主導權的喪失。

3. 婚後孕前健康檢查

已婚夫妻在懷孕前，別忘了自己的權益唷！各縣市政府有補助公費「婚後孕前健康檢查」，健檢的目的為了解夫妻是否有可能的遺傳性疾病和傳染性疾病，並分析雙方的生育能力。檢查內容包含如下（各縣市內容可能有些許差異）：

（1）身體檢查

包含個人家族史、身高、體重、脈搏、身體質量指數、血壓等。

（2）血液常規及傳染病檢驗

(1)男性：全套血液檢查（含地中海型貧血篩檢）、愛滋病篩檢、梅毒篩檢、尿液檢查、精液分析、尿液檢查。

(2)女性：全套血液檢查（含地中海型貧血篩檢）、愛滋病篩檢、梅毒篩檢、尿液檢查、德國麻疹抗體、水痘抗體、醣化血色素、子宮頸抹片檢查（含骨盆腔檢查）、尿液檢查

記得攜帶身分證明文件及健保卡（新移民需攜帶居留證或護照、配偶身分證明文件）至衛生局特約醫療機構掛號喔！

4

兩條線的浪漫與哀愁

王子和公主在那天晚上交換了誓詞，從此過著幸福快樂的日子。小時候看的童話往往寫到這，就沒有繼續寫下去。

太陽對那幸福快樂的日子充滿期待及憧憬，比如是否結完婚後，就馬上能飛到國外度蜜月呀？

答案是沒有。她在某個週末眾人見證下成爲人妻，下個星期一還是要乖乖去上班。但不同的是，有個妳一心一意愛著，讓妳小鹿亂撞、捨不得承受分離的男子，現在每天晚上睡在枕邊。

至於孩子的到來，似乎是婚後不免會被問候的話題。長輩都說趁年輕快點生，才不會沒有體力帶，一些朋友倒是建議不急，悠閒享受甜蜜兩人世界比較好。

太陽和麥特沒有特別規畫，寶寶想什麼時候拜訪，隨興之所至，順其自然就好。

西班牙是個熱情奔放美麗的國家，多元的地理環境及樣貌，永遠無法只用幾個形容詞描繪，簡直是個相處八百年也不會膩的女人，也是麥特和太陽蜜月旅行的地方。

整整十四天的自助自駕冒險旅程，沿著陽光海岸直駛，沿路許多白色城鎮密密麻麻地錯落堆疊在山間，眼之所見也是也是峰迴路轉雨過天晴，時而滂沱大雨應著一旁的山勢，正當爲暴雨及天上大朵的烏雲感到驚恐之際，遙望遠方，那片安達魯西亞藍天，帶給兩人持續追著風追著太陽的溫暖與動力。

遠走另一個國度、拋開全身束縛，加上旅途中的新鮮刺激，帶著這對新婚夫妻一次次共同體驗面對愛情時的腎上腺素激增、雙頰通紅及心跳加速。一個小生命也在太陽肚子中，隨著這些愉悅悄悄茁壯。

蜜月寶寶呀！怪不得出生後總是笑得如此開心燦爛，像極那片耀眼的安達魯西亞藍天。

還記得初得知自己懷孕的心情嗎？

月事延遲，加上反覆驗證的結果，驗孕棒上的兩條線清清楚楚顯示，太陽心裡略知一二。她興奮，這是多令人難忘的一刻，但也帶著不知所措，想著該怎麼和麥特說。

愛情偶像劇大多是這樣演的：女主角將驗孕棒包成禮物，交給男主角打算製造浪漫的驚喜。

「我們有個美麗的寶寶了！」

然後看著超音波上一個小生命的形成，兩人相視而笑，甜蜜擁吻。

太陽非常喜歡孩子，也自認母性不低，計畫是希望有兩個寶寶，第三個不排斥，但婚後四個月，旋即確認身體裡有個小胚胎共存後，才發現原來情緒不見得只一面倒地狂喜！

多重層次的情緒相互交織、接踵而至，驚喜之餘帶著點擔憂，鎮定的外表下，可能掩蓋著極欲探出頭的悸動，欣喜滿足之餘，也初次感受到了往後爲人父母的責任。

太陽流下連自己都感到莫名的眼淚，這到底是多複雜的心情？

上演的劇本非腦中那偶像劇般無可救藥的浪漫，而是抱著老公帶點不安的問：「現在這時間有小孩會太快嗎？」「你也期待我們的寶寶嗎？」「我會是個好媽媽嗎？」

太陽期待麥特的回應：喜極而泣，或抱著她擁吻，或十分欣喜雀躍地自白多期盼有個孩子！但麥特倒是出奇地冷靜。

「怎麼！是嚇到不敢說話？」

「我反應不敢很大，是不想帶給妳壓力！」

「那你怎麼沒有喜極而泣或開心地手舞足蹈？」

「因爲妳居然哭了啊！這麼開心的事情妳居然哭了！」

「所以你……也很期待囉！」

「當然啊！放馬過來！妳不要對我小孩怎樣嘿！」

我們什麼時候才真正準備好當個媽媽？

從寶寶開始入住這以妳為名的公寓，慢慢長大開始，每個女人就一直在學習當母親。

學習什麼東西不能吃，學習和懷孕時所有的不適相處，學習怎麼用盡全身的力氣讓住了近九、十個月的房客退房。

當孩子呱呱墜地後，學習滿足一個無法用言語表達自己需求的小怪物，學習處理自己對孩子的分離焦慮，學習怎麼在母親、妻子、職場上的身分間轉換遊刃有餘，學習在擔憂和放手間拉扯。

孩子從一天到晚黏膩在身旁的小猴子，到習慣身邊不只有媽媽，有一天他說：「我已經長大了，會自己去穿鞋，自己去上學了。」

我們欣慰地看著他的成長，一邊矛盾地想著：「寶貝，可不可以不要那麼快長大呢？」

剛得知自己懷孕後，除了期盼、新鮮、歡喜或滿足感外，也可以是震驚、恐慌、焦慮、措手不及，甚至感到失控。

研究顯示，近八成的孕婦表示對懷孕或即將分娩感到焦慮和擔憂。面對懷孕會有怎樣的情緒及因應，這和準媽咪的個性、所處的環境、和家人伴侶的關係、準媽咪本身的想法、希望成為母親的想望程度，甚至準媽咪認為「這社會希望她成為怎樣的母親」都有關係。

打從懷孕那刻起，女人的身體和心理就開始和肚子中的寶寶產生連結。

在這九個月中，都有個小小的生命，雖未親眼看見也還未熟識，但實實在在陪伴著。妳的行為不再只關乎個人，也可能對小生命造成影響。

原本充分的自由及對自己的掌控權，會因過渡到懷孕或即將成為母親，而需有所考量及收斂。

為人母是個在生理、心理、社會層面都即將經歷重大轉變的時期，種種未知及不確定性都可以是考驗、挑戰，因此對於自己的不安，無須質疑甚至自責，畢竟生養孩子，本來就不是件容易的事。

無庸置疑地，每個女人都會譜出專屬於她的獨一無二的懷孕歷程和故事。自在地享受這段人生中奇妙獨特的經歷吧！

女人療心室：懷孕！到底什麼可以，什麼不可以？

「噢！今天來診病人超多！有孕婦在果真不一樣！很旺耶！」

同仁忍不住對著太陽驚嘆！

太陽在工作上奔走，孩子也十分有活力地踢著媽媽的肚子，疑似在腹中開派對跳舞。太陽頂著大肚子，在時時得繃緊神經的急診處理病人。

孕婦旺，所以醫院「來客」很多，但醫院適合放「乖乖」，病人乖乖順遂無事比較好。尤其在急診這個單位，又有一堆急迫需處理的病人時，中餐大概也只能十分鐘內迅速解決，以疏通人流避免壅塞。

太陽也想悠閒地去上孕婦瑜伽，但工作就是工作，在這行業大家都是女漢子。神經外科大前輩當年懷孕預產期前一週，照樣挺著大肚開刀；婦產科女醫師也是一邊接生，一邊承受孕吐之苦。

是！她們是孕婦沒錯，但同樣是員工，女性職涯改變及轉捩點的關鍵時刻，無非就是結婚生子後。在鼓勵生育的同時，是否也該有相關友善的政策配套？

「妳齁，之後要去安寧病房，要不要跟同事調整班次一下，一天到晚有人可能過世……對寶寶……氣場不好啦！」婆婆出於善意，愛護乖孫的心情，再次叮嚀太陽考慮換班。

「醫院又不是我們家開的，換班沒那麼容易。不會啦！寶寶在還沒出生就看盡生死，長智慧呀！也會把福分帶給病人呀。」

安寧病房主要收治疾病末期的病人，雖然面臨死別難免沉重，耳邊常常聽到的不是水晶音樂，而是南無觀世音菩薩，但太陽倒將之視爲另一種胎教。

「寶寶你聽得懂嗎？這也是一種幫助情緒穩定的歌曲喔。」

孕育新生命的過程，媽媽與寶寶爲生命共同體，身體似乎就並不只是自己的，母親的生活舉止也容易被加以放大檢視。

但也因如此，一些並無科學根據、似是而非的禁忌、迷信、謠言，以訛傳訛久了，也常搞得孕媽咪精神緊張，壓力重重。

「我婆婆說都是我懷孕吃海鮮，才讓二寶異位性皮膚炎，常常皮膚抓到流血流湯。」眾好友聚會談起育兒媽媽經，阿寧說著說著，眼淚居然撲簌撲簌往下掉。

「誒認眞？這跟遺傳比較有關，跟吃什麼沒關。如果講到遺傳，妳老公也是有責任啊！怪妳吃什麼實在不厚道，這算情緒勒索吧！」太陽一邊安撫肚子中的寶寶，一邊安慰阿寧。

「那我問妳，我寶寶剛生出來的時候因爲黃疸去照光，我婆婆那時一直跟我老公說可能是我吃芒果的關係！雖然我老公沒有當一回事~但我還是曾經難過了一下！」另一個朋友小芸說。

「唉唷芒果和妳都背鍋了啦！婆婆好像都很喜歡自己當醫生？妳應該在妳婆婆、老公面前，請教醫師寶寶黃疸的原因，以正視聽啊！千萬不要自責，和芒果無關。」太陽回答。

「對婆媽來說，隔壁鄰居講的話，有時都比醫生有說服力！」小芸無奈地說。

蠻多有經驗的「過來人」很會製造壓力：什麼懷孕不能拿剪刀，小孩會兔唇；不能吃醬油，小孩會變黑？

說是出於好意關心，但如果對這些說法質疑，對方還會語帶威脅說：「等小孩生出來妳就知道！」

「天啊！孕婦到底是招誰惹誰？」一旁的倩倩說到自己以往經驗，語氣高昂地附和著。

「不曉得哪來這麼多奇怪禁忌？要我說，結婚懷孕不能和公婆住才是眞的！我當時一直被唸這個不行做那個不行做，壓力好大。我是懷孕！又不是生病！」小芸不禁再抱怨了一番。

「中肯中肯！」一群好友笑成一團。

雖然出發點可能是善意，但若過度關心，資訊又不正確，這些「爲妳好」「爲寶寶好」的言論，就成了令人困擾的情緒勒索。

「麥特，我今天想要吃抹茶紅豆湯。」結束了一天精實的工作，太陽想要好好犒賞自己。

「抹茶到底有什麼好吃？妳這樣愛吃抹茶，寶寶以後會不會變綠巨人浩克？」麥特打趣地說。

「注意咖啡因量就好嘛！他以後肯定也是抹茶控唷！」太陽已經迫不及待、食指大動了。

媽媽開心穩定，才能替寶寶打造優質住宿環境啊。

懷孕的貼心叮嚀

1.不可以抽菸喝酒

酒精是一種致畸胎劑，會對中樞神經系統造成不可逆轉的損害，也可能導致大腦體積減少，或損害大腦內部結構。

孕媽咪無論在哪個孕期接觸酒精，對胎兒都可能造成影響。第一孕期大量飲酒會使嬰兒臉部和大腦異常可能性增加；第二孕期則可能使自然流產發生率增加；最後在第三孕期，高度飲酒與嬰兒身高、體重及腦容量下降有關。

談到「少量飲酒」對妊娠結果及胎兒影響，過去的確有產生不良影響的個案，但「明顯有害」「有因果關係」的相關研究仍不夠充足（少量飲酒於此研究的定義，是每週飲用少於32公克的酒精）。

即便是少少喝一點，過去也的確曾經有案例造成不良影響，但不是說一定會發生在妳身上。只是有喝有風險～妳懂的！所以結論是：

（1）酒精是一種致畸胎劑，妳喝什麼，寶寶就喝什麼。

（2）目前沒有所謂的「多少酒精使用量以下就安全」，也沒有哪個孕期是絕對安全。

（3）管他什麼酒，只要含酒精，葡萄酒、啤酒、各種調酒，對寶寶還是有風險。

（4）如果不小心喝了點小酒怎麼辦？答案是就不要再喝就好了！

而懷孕抽菸方面，香菸中多種有害物質（焦油、尼古丁、二氧化碳等）會對寶寶造成影響。

例如增加流產、胎盤早期剝離、早產風險，嬰兒出生體重過輕，或心臟、腦的先天缺陷，也可能造成嬰兒猝死症機率增加！因此絕對鼓勵孕媽咪戒菸喔！

2.懷孕可以吃〇〇〇／喝△△△嗎？

以上問題大部分是沒問題的，包含海鮮、牛奶、冰淇淋、冰水、薏仁等，飲食還是講究均衡適量。其中，要注意咖啡因建議有劑量限制。

懷孕可以喝咖啡嗎？可以的！適量即可！根據美國婦產科醫學會建議，懷孕期間咖啡因攝入量，應少於200毫克／天；而歐盟委員會的科學食品安全局和加拿大衛生部委員會則建議懷孕女性每天咖啡因攝取不超過300毫克。所以大家抓每天200～300毫克這個數字即可。

而哺乳時期，研究發現哺乳中的媽咪若一天喝10杯以上的咖啡（此處定義1杯大約200毫升，約含1克咖啡因），喝母奶的小嬰兒會較容易有煩躁、睡眠中斷的問題。

另外，哺乳媽咪若一天喝多於450毫升的咖啡，會降低母乳中的鐵質濃度，可能造成喝母乳的寶寶出現貧血問題，所以歐洲食品安全局的結論是媽咪一天攝取低於200毫克的咖啡因，對寶寶較不會有安全性的顧慮。

3.可以出國旅行！

（1）若要出國旅行，什麼時候最適合呢？

一般而言，最適合孕媽咪旅遊的時間還是以第二孕期為主。一些懷孕常見的急症主要還是發生在第一及第三孕期，且第二孕期少了懷孕初期的惱人症狀，又不像第三孕期行動不便，的確是孕媽咪較為精神抖擻、活力充沛，相對能玩得更盡興的時間。

（2）長途搭機會有宇宙輻射暴露風險嗎？

因為高緯度加上長時間飛行，宇宙輻射暴露問題也是孕媽咪關心的重點。

國際放射防護委員會建議，一般民眾一年的輻射暴露上限為每年1毫西弗，從台北經北極到紐約飛一趟，接觸的宇宙輻射只有約0.06－0.09毫西弗，對於偶爾才長途飛行的孕媽咪而言，宇宙輻射暴露造成之影響是可忽略的，一般不太會造成問題。

（3）懷孕還需要通過機場安檢嗎？對寶寶有沒有影響？

當然要唷！我們人經過的是金屬探測儀，不會對媽咪寶貝造成傷害的，放心吧！

4. 懷孕可以運動嗎？

根據美國婦產科醫學會準則（ACOG guideline），對沒有產科、其他疾病併發症或禁忌症的健康媽咪來說，懷孕時運動是安全的，也應該被鼓勵。

講到孕期運動好處，研究指出可減少妊娠糖尿病或子癲前症風險，對已有妊娠糖尿病的孕婦而言，亦可幫助控制血糖及體重；維持一定肌力也能幫助順產，減少需剖腹產的風險，產後體態恢復也較快；對於有下背痛困擾的孕婦，游泳更是個不錯的運動形式。

當然對於有產科、其他疾病併發症或禁忌症的孕媽咪而言（例如子宮頸閉鎖不全、子癲前症、懷多胞胎併早產風險，二三孕期持續出血等），則要更加謹慎，一定要和醫師評估討論運動的可行性，以安排適合自己的運動處方！

面對懷孕後從四面八方而來的傳統禁忌、大量訊息，若影響到孕媽咪自己的生活或情緒，不需照單全收，有疑惑就詢問自己的婦產科醫師，以專家意見為主，給自己一些生活的彈性，避免絕對的禁忌即可。

依自己的喜愛適度選擇食物，無形中也可以減少一些壓力喔！

5 母親征戰後的偉大印記

太陽指著自己猛力吸氣還是凸的肚子，問身旁的男人：「爲什麼這麼久了肚子還是消不下去啊，明明沒什麼脂肪啊！」

「沒有啊，哪有凸，我都沒看到！」麥特使出眼不見爲淨的四兩撥千斤手法。

「有啊你看，而且躺著的時候肚子明明就平的，但站著就凸出來了，是不是肚子筋膜鬆弛了……」

「以後就會好了，不要一直看啦！」

「哼！很敷衍欸！如果生一次小孩你 GG 會短兩公分，那你要生嗎？」

撇下啞口無言的麥特，太陽沒好氣地移動到戰鬥位置，準備開始一天扎實的母乳哺育行程。

「×××女星懷孕只胖兩公斤，四肢纖細看不出懷孕！」

「×××產後一個月迅速恢復好身材，肚皮平坦宛若少女！」

「爲嫩尪 4 年拚 3 胎　××女星產後迅速劣化網友不忍直視！」

「×××產後顏值竟然大走樣！原本俏麗可愛都成了超老態……網友崩潰：女神回不去了！」

翻開報章雜誌，盡是這些逼死產後媽媽的新聞。

這世界對媽媽實在太嚴苛，懷孕已經是件辛苦的事，產後還要擔心身形走樣的問題。報章雜誌媒體相繼讚頌女星名人懷孕養胎不長肉的美好，對於劣化則是猶如晴天霹靂、描述得慘不忍睹，沒胖到可傳爲佳話，產後回不去可實在不應該。

都說懷孕的女人最美麗，女性懷孕時自然散發的溫柔婉約與慈愛可能眞的很迷人，但相信能眞正能欣賞大肚蛙或MM巧克力的人還是不算多數。

孕寫眞中另一種S曲線的確呈現了不同韻味，但水腫的四肢與臉部線條還是要盡量修飾。管他是不是眞的寫「眞」，修片才能看見「纖瘦」與「美」！

隨著生產完畢，寶貝退房，肚子也像洩了氣的皮球，鬆鬆垮垮好令人憂鬱。不知不覺，媽咪的嘴角也和肚子一樣跟著下垂了。

過往平坦的小腹不動手術處理，還眞是一去不復返。太陽很納悶，怎麼那些女星的神話，一樣都沒有發生在我身上呢？

抹不平的妊娠紋、鏟不掉的油、乳房鬆軟下垂、分離的腹直肌、還有那吃點東西就迫不及待往外凸，怎麼吸氣還是無法平坦的小腹，甚至疑似疝氣的肚臍，甭說更嚴重的漏尿、痔瘡、子宮膀胱脫垂問題，這些才是眞實災情。

只是「很難回去的事實」被一則一則看似形體伸縮自如的媒體報導給掩蓋，讓眞正身歷其境的母親感受到現實與理想顯然有一番差距啊。

某個瞬間，太陽想起了自己的母親。小時候，在媽媽肚子上看到一條疤。

「媽媽！妳肚子怎麼受傷啦！」小太陽好奇地問。

「喔喔！這個啊～妳以前啊還超級小超級小的時候，住在我肚子裡面唷！等到長大一點了肚子住不下，要出來啦！可是媽媽沒有力氣把妳生出來，就只好請醫生叔叔在肚子畫一刀，妳才能出來啊！」

「那妳一定很痛很痛吧！有流血吧！」小太陽蹙著眉閉起眼，不敢想像的模樣。

「那時候很痛，可是現在不痛啦！這樣妳才能順利從肚子出來呀。我很愛妳喔！」

煩擾的情緒，開始平靜下來。

身上這些變化與痕跡，大概就是偉大母親征戰過的印記。才剛經歷這麼多的痛楚和變化，實在不必急著逼迫自己呀！

「太陽媽咪，寶寶親餵時間到囉！」電話那頭護理師的聲音，將太陽倏地拉回現實。

「不看了！不看了！媒體霸凌啊！」

給自己一點時間修復，穩定快樂地前進吧！

產後身心變化

多項研究顯示，對身體形象不滿和周產期憂鬱間存在正相關性，也是產後憂鬱的其一危險因子。

懷孕是一個體重、體型都會短時間內發生變化的時期，而這種變化可能會造成對自身身體形象的不滿。且準媽咪若在懷孕期間或卸貨後繼續以孕前標準審視自己，對身心會造成負面影響。

女性厭惡自己產後身體是件令人擔憂的事，這意味著某種自信的消失或自我否定，必定也隱含著夫妻關係的危機。

妳可以這麼想

（1）妳可以給自己一些緩衝時間

大多數女性在生產後，體重會減輕約 5 公斤，這包括了嬰兒的體重、胎盤和羊水。

生產後的第一個星期，水腫的問題會漸漸改善，進而體重更輕盈些，但是懷孕期間儲存的脂肪並不會自行消失，之後可以通過飲食和定期運動，每週建議最多減掉0.5到1公斤。

在懷孕過程中，整整九個月身體在變化著，不要讓不切實際的時間表影響自己的情緒。

（2）尋求醫療諮詢

如果產後身體形像的確是造成壓力的重要原因，以致影響生活、工作及人際關係，請考慮尋求醫療諮詢。

（3）愛自己，最重要

富足的內心、伴侶的支持和可愛的孩子，或許能讓我們笑笑地接受這樣的變化。過得去、看得開很好，但有些標準嚴苛的人可能就是無法接受。若借助整外醫美的力量能幫助拾回自信亦無不可。

重點是，妳已經很勇敢、堅毅地完成了件不簡單的人生大事，很有理由為自己感到驕傲，而非不愛自己。

產後的體重變化？

觀念1：懷孕中，在正常生理變化下，我會重多少？

（1）首先是寶寶＋羊水＋胎盤，大約有5公斤

（2）媽咪本身在孕期子宮乳房的增大＋增加的血容量＋增加的水分約4.3公斤

（3）媽媽本身增加的脂肪量，約3.2公斤

因而懷孕時，增加11～12公斤是很正常的。

而產後當天，體重就會下降大約5公斤（寶寶＋羊水＋胎盤），產後一星期隨著水腫問題好轉會再掉幾公斤，剩下的才是我們要循序漸進消除的脂肪。

觀念2：我會增加那麼多脂肪嗎？

為了保護寶寶，媽咪隨著懷孕時間增加，體內雌激素分泌會逐漸增多，的確容易讓皮下脂肪儲存囤積。

觀念3：孕中增加多少體重是正常的？

根據美國國立醫學研究院（institute of medicine, IOM）建議，懷孕前三個月的體重增加應限制在0.5～2公斤之間，此後每週增加約0.5公斤。

如果本身孕前就有肥胖問題，孕期又胖很多，產後減重瘦身當然相對不易。

觀念４：產後瘦身小撇步？

（1）餵母乳：一天可額外消耗約800大卡，所以不要不吃飯。

哺餵母乳的女性每天需要額外增加450～500卡路里的熱量，但可以挑東西吃，避免加工食品（微波餐、速食、蛋糕等），也可以吃富含蛋白質的食物，因與消化其他類型的營養素相比，人體需要耗費更多能量來消化蛋白質，所以能幫助減少飢餓感！而高纖食物能夠增加飽足感及促進腸道健康，也是一個好幫手。

（2）運動：美國婦產科學會（ACOG）建議，只要孕媽咪沒有併發症，懷孕期間和懷孕後都可以接受運動訓練。

（3）得舒飲食（DASH）：研究顯示在得舒飲食有助於女性產後減重，可以讓妳瘦得漂亮又健康。以下為得舒飲食特性：

a.吃富含纖維的食物，例如水果、蔬菜和全穀類。

b. 吃低脂或無脂乳製品。

c. 食用瘦肉，例如家禽。

d. 選擇健康的脂肪來源，例如豆類、堅果和植物油。

e. 限制飽和脂肪含量高的食物，例如紅肉、椰子油和棕櫚油。

f. 限制含糖的食物和飲料。

6

一生中難忘且特別的回憶——母乳之路

太陽，記住這段珍貴又特別的時光吧！

不再擠母乳的這天，太陽的心情卻是五味雜陳。有種清爽感，畢竟忙亂少了點，睡眠多一些，感覺和「自由空氣」及「青春年少」也拉近了點；但也有種惆悵，像和個老情人因故平和分手，但心中依然留著想念。

看著桌上的梳乳棒、黃色羊脂膏、酒精消毒棉，擠奶器，好似武士戰後的盔甲，今後除非還有另一個孩子，否則將束之高閣，紀念那段專屬於妳和寶寶的奮戰時光。

那天，醫院的專業護理師、泌乳師前來打招呼，拉開了這一切的序幕。她們專業熟練地輕掐住妳的乳頭，幾滴橙黃色的乳汁泌出，原來這是初乳，營養價值可高了，妳將小傢伙生澀地抱在胸口，他輕啜了幾口，妳們倆都露出滿足的笑容。

之後，無預警的乳房脹痛著實嚇著了妳，奶水似乎迫不急待地想奔流而出，只爲塡補寶貝初生那櫻桃大小的胃，只是乳腺不通，奶水的運送似遇著了連環車禍，乳房上多處的硬塊等著用手揉散，但這一揉足以令人鬼哭神號，像哪個狠心的壯漢不留情地在新產生的傷口上猛力按壓。

石頭般的奶脹和乳汁不足哪個比較可怕？如果可以，就努力撐到供需平衡的境界吧！

她們說，寶寶是最棒的梳乳師，多親餵，乳腺就會越通暢，乳汁也會正向回饋分泌越多，只是妳們倆必須協力合作，經過一段陣痛磨合期。

一開始寶寶還不會含乳，妳也喬不好姿勢，常常寶貝餓急了，狼吞虎嚥地含上，吸吮出的不只是乳汁，還有乳頭破皮受傷隨之流出的血水。

妳強忍著疼痛，輕輕扳開寶貝的小嘴，一邊輕哄著：「寶貝不急不急，我們慢慢來，媽媽陪你慢慢來。」

但餓著的娃兒哪懂忍耐？他是隻依循本能的小野獸，更加不滿足地淒厲哭喊，媽咪也只得揪心地掏出另一邊的乳房再次嘗試，希望能一舉成功。

初期每一次的含乳，都帶著幾絲恐懼與驚險。那是個有趣的畫面，妳輕輕地擒著寶貝的頭部與後頸，將他的小嘴對準乳頭，還得順應寶貝哭泣時嘴巴的開合，精準地將小嘴扣上目標，彷彿參加飛鏢或投籃大賽比數只差一分或距終場倒數幾秒般緊張刺激。

否則一失手含得不對，不只是疼痛破皮流血，還得憂心寶寶食物來源，是否能順利開工迎接下一餐，抑或得進廠維修。常常是傷口上塗上厚厚的一層羊脂膏靜養，先讓另一邊無傷的乳房持續工作，待傷口甫結痂，就繼續血汗上陣。

此時妳恨不得自己有金鋼狼般過人的組織再生能力，任何的傷口都可以瞬間修復，痛能短暫一點，寶貝也能吃飽喝足。

但不用擔心，一切終究會慢慢上手。

寶寶小巧的側臉還是怎麼都看不膩，細聽他發出的咕嚕咕嚕暢飲聲，感到特別滿足。

寶寶常喝到累了，或舒服了，禁不住睡著，還有一搭沒一搭啜著，這時得搔搔他的頭，提醒他進食時可要認眞賣力專注呀！就這麼每天三四個小時一次的循環，一天不知不覺就過了。

陪孩子就是這樣，好似也沒做什麼事，時間就滴滴答答地流過，回想起來，真說不出做了什麼驚天動地的事。

但看著寶寶笑，抱著親幾口逗著玩，平凡中俯拾即是的樂趣，大概就是這樣吧！

幾年後妳看到這些文字，拼湊那片段的記憶，相信依然會有股暖流，溫潤地竄入心底。

哺餵母乳與否？取決於妳！

「母乳」不僅是營養來源，對兒童和母親的認知、行為和心理健康也具有重要的影響。世界衛生組織和美國兒科學會建議至少六個月的母乳哺育。

餵母乳有什麼好處呢？母乳中所含的營養成分對寶寶的腸胃來說最容易消化吸收，能提供寶寶最完美的營養，也能增加寶寶抵抗力，預防疾病發生，並有效減少過敏發生。

文獻顯示餵母乳對媽咪或寶寶的情緒健康具有正面積極作用，餵養時身體釋放的激素有助於放鬆情緒，並促進了母嬰間的依附，增進寶寶安全感。

當然順利哺餵母乳也需要經過一段奮鬥期！產後早期可能遇到的障礙包含：

1. 痛！產後疼痛加上乳頭疼痛、乳房漲痛對媽咪而言的確是壓力，可能會引起更強烈的不適感。

2. 累！照顧新生兒很累，若沒有月子中心或月嫂的幫忙，全天候待命很容易不知所措和筋疲力盡。

3. 剛開始媽咪容易為了追乳量而疲於奔命，也會擔心自己是否乳汁充足、能滿足寶寶所需，偏偏剛開始哺乳也有技巧需要學習，才得以漸入佳境。

若寶寶睡眠不穩定、不好帶，或是媽咪憂慮於產後身形變化，或疲於應對旁人紛雜的評論或意見，多重龐大的壓力下，更不利於母乳的分泌。

4. 有些媽咪對於在外哺乳感到尷尬，出門趴趴走因受時間空間限制，自由度減少，也需要克服重回職場後如何兼顧哺乳及工作的挑戰。

「停止餵母乳讓我感到內疚。」

基於餵母乳的種種好處，整個大環境都積極鼓勵餵母乳，一些親戚、朋友甚至街坊鄰居亦會紛紛提供建議。但這對母乳之路不甚順利，或對想停止餵母乳的母親來說，可能形成一股壓力，造成媽咪的內疚感，有許多女性表示自己餵母乳是為了符合社會期待。

不論決定不餵母乳的原因是什麼，多數女性都為這樣的決定感到矛盾，認為人們會覺得自己是不合格的媽媽。

即使研究表明餵母乳好處很多，妳絕對有權利根據自己的狀況及其他家庭社會環境因素，決定是否要哺餵母乳。醫療人員或社會大眾也應該尊重每個女性的個別差異，餵母乳不一定要是唯一選擇。

女人療心室：失去乳房，談何容易

「總醫師，有個病人因乳癌轉移至肺，大量肺積水造成喘的問題，急需抽胸水，請妳過來一趟。」

接到護理師電話，又是個馬不停蹄的日常，太陽整整白袍，快步前往治療室。映入眼簾的，是個面容蒼白、氣喘吁吁，約莫五十多歲的女性。她成年的子女相伴左右，他們手足無措，但也不知從何幫助母親減緩痛苦。

「您好，我是總醫師，看得出來陳阿姨現在很不舒服，我們需要掃個超音波，看胸水累積的程度，並把水抽出來緩解症狀。可以的話，請讓我們幫陳阿姨脫掉上衣呈坐姿，露出背部，然後護理師幫我備個器材。」

一切動作開始之時，一陣難掩的氣味突然撲鼻而來，映入眼簾的是個吃穿皮膚盤據在胸腔的巨大腫塊，已發潰爛，綁帶有條不紊纏繞在外，但遮掩不住模糊的血肉。

無情腫瘤散亂的進犯，一步步侵蝕病人的身軀，也威脅著她的心靈：包含自信、自尊，及那些正面陽光的情緒。這不是太陽第一次看到這樣的傷口，但她的胸口再次跟著眼前的畫面扎痛了一回。

大多人不免滿腹疑惑，剛開始發現就要好好治療了，拖這麼久不面對，怪誰？但每個人都有各自面對生命試煉的選擇。

陳阿姨告訴太陽，自己並不是沒有諮詢過醫師，但醫師表示需要整個乳房切除。一想到失去乳房、術後疤痕、身體的變化，她難以面對，於是想尋求較爲溫和的方法，嘗試用敷草藥的方式，希望腫塊消除。

理性上或許知道機會渺茫，但感性上，就是期待有一線希望！於是半面對、又半逃避的，走到至今無可挽回的地步。

「每換藥一次，我就如地獄走一遭。如果老天要這樣考驗我，我就承認我輸了，能不能少點折磨啊。」

陳阿姨用一種很輕很慢的語氣，道出自己的心境。太陽明白，這是經過多次巨大衝擊及怨懟後，不得不叫自己妥協的描述。

病人一路走來的壓抑與痛苦，太陽不忍、也不覺得自己有資格評論什麼。她緊握著陳阿姨的手，感受那顫抖雙手中的情緒，子女也紛紛上前安撫。

「我對他們也是覺得虧欠，孩子們要花很多時間陪我，工作都……」

「哎呀陪妳不是應該的嗎？醫師要抽水了不要一直講話！」

「喔對應該！應該！」

親子三人呵呵笑出聲，溫暖的笑聲反倒引出了太陽眼眶的淚。除去病人的角色，陳阿姨也同時身兼妻子、母親、也是別人的女兒。若因病無法兼顧或滿足各個角色的期望，恐怕一種失能的無力感也在所難免。輕暖自然的笑，是經過許多磨難後，不用言語而傳達出的默契。

一針穿刺進肋膜腔，淡紅色胸水順著管路流了出來，若有任何的壓力，就也順著管路盡情宣洩出來吧！

醫療有其極限，到了這個地步，能爲病人緩解些痛楚不適，已是太陽能盡的微薄之力。執行完工作，太陽告訴陳阿姨和家屬，這種因腫瘤而起的惡性胸水，會反覆產生，需要考量是否固定時間回醫院抽胸水，以防突然喘起來的緊急不適。

「事先規畫好，比較不會措手不及！」

「謝謝妳醫師，妳技術很好，都不痛！比較不喘，心情也好一點了。」

病人眞的要的不多，不痛不喘，就謝天謝地滿足了。

醫療的日常對於醫師來說，或許是片段的業務，但對每個家庭來說，都是龐大複雜、難以一語道盡的故事。

乳癌防治醫學小知識

1.身體心像（body image）

是指個人對自己身體特徵的描述及主觀判斷，這會隨著外在環境事件，或因為一些疾病或意外事故造成身體心像的改變，比如乳房切除、顏面毀傷等。

而乳房在社會文化意義中，被視為女性化的象徵。許多女性罹患乳癌或失去乳房後，身體心像改變並受到衝擊，影響了女性的自我認同甚至自尊，認為這是種女性氣質的損傷，或自身有所「殘缺」。罹病時，也常因病情的不明、對未來的疑惑或生死的恐懼，造成對治療決策的猶疑。

2. 對自我女性身分的壓力

罹癌婦女原肩負的角色，無論是職場工作、家務、母職、或伴侶關係，都很可能因疾病而遭遇限制，也常認為是因為自身的失能，才造成家庭巨大壓力。

身為母親，容易因照顧的提供者或接受者角色感到混淆矛盾；而未婚女性會因對生命的不確定感而不易踏入婚姻。

3. 乳癌

為國內女性發生率第一名的癌症，年齡高峰約在45～69歲之間，而台灣地區罹患乳癌的平均年齡又比西方國家年輕。

4. 五年存活率

乳癌第一期患者五年存活率可達到九成五，也有機會施行乳房保留手術，而疾病進展至末期，五年存活率不到三成。因此乳癌防治，重視早期發現、早期治療。

5. 如何提早發現異狀？

乳房攝影為透過X光看乳房內的鈣化點偵測早期乳癌，是目前最有效的乳癌篩檢工具。若是年輕女性乳房較緻密，不容易藉由X光偵查出鈣化點和腫瘤，可選擇無放射線侵襲性低的乳房超音波檢查。目前衛福部提供40～44歲、二親等內罹患乳癌的女性，以及45～69歲的所有女性，每兩年可做1次免費乳房攝影篩檢。

7 我是個好媽媽嗎？

成爲媽媽以後，很有趣的，就是會接收到許多來自四面八方的建議。關於妳怎麼吃、喝、玩和工作，都要根據專家、婆婆媽媽、朋友的意見，甚至路人甲乙丙都來參一咖。

「孩子的成長只有一次，就不要工作，好好專心陪伴他們，三歲以後自己意見就很多了。像我就是這樣，孩子出生後就全心全意在家帶他們啦！」

菜市場阿姨說。

「妳一定要堅持餵母乳餵下去喔！母乳中很多營養是配方奶沒辦法供應的，一個稱職的媽媽餵母乳只是基本吧！」衛生所母乳親善專員說。

「哎唷！怎麼小孩生病了這麼久還沒帶去看醫生，一有打噴嚏就要帶去看啊！隔壁阿姨說喔，她們家寶寶六個月，就是因為沒快帶去看，後來變肺炎欸！」婆婆說。

生下寶寶以後，太陽真的徹底了解什麼叫女人的堅毅勇敢。產後恢復期大概就是這樣的狀態：時時因應著肉體及精神上雙重的疲憊。

自然產因產程遲滯，忍了好幾個鐘頭宮縮後，還是必須剖腹產吃全餐；產後傷口的撕裂，哺乳乳腺阻塞如石頭般堅硬腫脹難忍，伴著乳頭的破損，身體猶如從一場大破壞中努力重建著。

但伴隨追乳汁的急迫，孩子啼哭哄不來的擔心，成日睡眠不足，旁人對新生兒的萬般叮嚀、細瑣雜唸，也成爲太陽精神緊繃的來源。

孩子的需求是太陽此時的重心，她的專注力大多在寶寶身上，希望迅速對於寶寶的每個反應有所因應。

這是個闖不完的關卡，孩子的每個階段成長，都伴隨不同的變化及挑戰。學習製作副食品、閱讀相關育嬰書籍、研究孩子每個成長階段適合什麼玩具等，讓許多媽媽也身兼廚師、管家、清潔人員，或是玩具修繕工人。

重回職場後忙於工作，但家裡也要顧。得規畫家族旅行，擺平親戚妯娌，還得每天笑容洋溢精神抖擻地熱愛這一切……難道這樣才是完美的女性、完美的母親嗎！

回想那首小時候常常唱的歌：「母親像月亮一樣，照耀我家門窗。聖潔多麼慈祥，發出愛的光芒。爲了兒女著想，不怕烏雲阻擋……」

看到的新聞故事也都陳述：「媽媽含辛茹苦撫養我長大，讓老公兒子吃雞腿，自己荷包蛋配白飯十幾年。」

世人描繪的好媽媽形象，似乎都以這般自我犧牲、希望給孩子最好的安排，不輕易喊苦的樣貌出現著。

一天的事情忙完，哄睡孩子後，夜深人靜，太陽總陷入一陣沉思之中：「其實工作上還有很多想發揮的地方，也想繼續念博士班，無法花很多時間陪小孩，這讓我好有罪惡感。我很愛我的孩子，但有時也渴望自己一個人的時光，我是不是不該這麼想？我是個好媽媽嗎？」

她想起自己和母親的回憶。

小時候吃完晚餐，母親都會陪著太陽檢查當日的作業。今日事今日畢，錯誤要及時訂正，期中、期末考時，媽媽也會幫太陽做考前複習，所以自己的成績也一直都名列前茅。

太陽國小五年級時，媽媽正準備一場重要的公務人員高普考試，於是跟自己說：「太陽，這次妳的期末考試要靠自己多多加油喔！媽媽因爲也有重要的任務沒辦法盯著妳，試試自己努力看看！」

不想讓媽媽擔心。太陽知道媽媽一早起來，帶她去上學後進辦公室還有事情忙，每天晚上煮晚餐、整理好家務後，還有很多書要念呢。

母女倆有時也會在同一張大長桌互相陪伴，太陽去睡覺後，媽媽還繼續挑燈夜戰。就這樣過了幾個月，她們雙雙有了好消息：太陽考了全班第一名，媽媽也通過了高普考試。過程中，太陽一點也不覺得媽媽冷落了自己，反倒覺得媽媽超級帥氣！

媽媽同樣惦念她，但也有自己想完成的事，這一點都不衝突。小太陽覺得能照顧好自己，減少一些媽媽的後顧之憂，如此母女倆都有很棒的成長，不是嗎？

這世界並沒有好媽媽教條，缺幾項就代表不及格；這也不是一項競賽，別的媽媽做了什麼而自己沒有；也無關對錯，每個家庭對於教養孩子的想法風格本就不同。

成爲母親，是一段持續學習的過程，不是一句爲母則強就萬夫莫敵，有負面情緒是再正常不過。

有時感覺壓抑，有時因照顧孩子無法成就職涯感到遺憾，有時覺得自己不若別的媽媽有耐心，有時想拋開一切放空，什麼都不做……這些都是自然、眞實的反應。也因爲這些不完美，讓我們搞清楚還有什麼可以持續調整學習！

做個夠好的母親、快樂的媽咪，最重要！

放棄完美主義和內疚吧！

1. Happy mother, happy child.

實際上，母親給自己孩子最好的禮物，就是成為一個快樂、充實而又完整的人。

研究顯示，成年子女對生活的滿意度，會受到其母親對生活滿意度及幸福感的影響。

當然這不會是單一影響因素，但也代表父母的心理健康，以及為自己及子女創造的環境情感氛圍，對子女具有一定的意義及影響。

研究同時發現，和這幸福感相關的行為主要包含三項：工作、規律運動及和朋友間適度的人際社交活動。

這其實就是告訴我們，就算身為媽媽，也要充實自己的生活，不需要把自己困在媽媽這個角色裡。媽媽也是個獨立的個體，有自己的工作，是一個完整的女人。

2. 完美父母會給孩子帶來負擔

當父母有著希望自己完美的目標時，也可能帶給孩子壓力，因為這意味著他們也必須是完美的孩子。

沒有人天生就懂得怎麼當父母，許多育兒方式也需要靠經驗累積或試誤學習，才更能了解自己仍需要做什麼調整。

3. 夠好的媽媽（The Good Enough Mother）

這是英國兒科醫師和心理分析家溫尼科特（D. W. Winnicott）

提出的理論。媽媽或照顧者對於嬰兒的需求，一開始幾乎完全滿足，但隨著寶寶的成長，媽媽開始讓寶寶經歷一些挫敗感，譬如不急著對寶寶的每次哭泣立即作出反應。

如此雖以孩子為重，但不甚完美或保留些許彈性，其實更能為孩子提供成長空間、以及解決問題、獨立的機會。

4. 長時間感覺到犧牲、委屈、持續被掏空

再強勁的火，無法持續添柴也會熄滅，並非長久之計。生養孩子沒有一條「正確的道路」非得要照著走，遇到掙扎必須有所抉擇之時，好好省思自己的價值觀、優先順序，然後斷、捨、離，任何變動都是重新審視這些元素的好機會，多了母親這身分後亦是如此。

每個人性格、偏好、後天環境皆有所差異，使我們真正感覺

滿足和幸福的選擇當然就不同。又何必拿別人的標準與框架逼自己呢？

8

當了媽媽後，才更了解媽媽

親愛的媽咪：

小時候，您常常說：「等妳當媽媽以後就知道！」的確，有些事情眞的需要時間來驗證及發酵，我現在眞的知道，知道您有多愛我和妹妹了。

知道我懷孕的那刻，您又重複了一次當年不孕，花下多少心力、撒下多少期待才盼到我來的故事。

我天真地笑著，在您眼前，想必是個尚沉浸在滿心歡喜，還天真爛漫，不知小孩可是會折騰死人的小媽咪。

您語重心長地說：「養孩子很辛苦，醫院工作不要太累了，媽媽能幫妳會盡量幫，要照顧好身體，累了倒下了，就什麼都沒了。」

您拉著我的手，去買一雙有氣墊的平底鞋，說鞋子不用好看，好走最重要了；買孕婦專用內衣褲，說款式不用管，肚子包起來能保暖最重要了。

依稀憶起小時候，您帶著剛發育的毛頭女孩買內衣，新年買新衣服，這些都彷彿昨日才發生的熟悉場景格外有溫度。我還沒想到的事，媽媽早就幫我想好了。

那天去照超音波，醫生說大概可以知道寶寶的性別了。眾人擠在小小的超音波室，目光無不專注在寶寶兩腿之間。得知是個男孩，紛紛雀躍嬉鬧：「啊哈哈哈，有小鳥啦有小鳥，捧斗孫啦！」

您則很緊張的問我：「醫生剛剛說妳有顆很大的肌瘤，會不會怎樣？叫妳不要喝冰的都不聽齁?!」

等到肚子眞的很大了，出個門，您總把我身上的大包小包移到自個兒身上背，說：「不要提重的，妳想跟我一樣以後坐骨神經痛嗎？」

懷孕時偶爾心裡偏激，會有種大家會不會都只關心肚子裡寶寶，自己只是人肉保溫箱的心酸，但媽媽每次的耳提面命，都讓我有種被秀命命的感覺。

是啊！媽媽要好好照顧自己，寶寶才會好啊。

產後當天，回病房時我極其狼狽，因爲痲藥的副作用，全身不自主地直打寒顫；爲了助子宮收縮惡露排出，護理師亦毫不手軟地按壓剛卸下重責大任的子宮，那痛楚逼迫我淒厲地哀嚎著，負載一身疼痛和疲憊，禁不住掉下淚水。

無助，是赤裸裸地彰顯著。旁人莫不驚呆，不知如何應對，或叫妳堅強忍耐，或不知所措。

但也就是在最慌張無助的時候，當下救命的浮木，或穩定心緒的明燈，會此生深刻地烙印在心裡。

您一直緊緊握住我的手，眼裡滿是心疼，跟我說我很勇敢、很辛苦，剎時間我意識到自己不只是個母親，還是個孩子，可以脆弱、可以依賴，不必逼自己堅強。

媽咪對不起，我總是對對自己最好的人耍賴呀！

「不要一直抱寶寶！」

「爲什麼，我生的耶，怕他太黏人以後放不下來喔？」

「不是，妳一直抱他，痔瘡會更嚴重，以後也容易腰痠背痛。」

「哈哈，那我躺著跟他玩好了！」

您看，無論什麼時候，我都是個長不大，需要人關愛叨唸的孩子吧！

謝謝您，讓我如此幸福。

更年期的健康重點

當了媽媽後，才瞭解自己母親的用心良苦，要為更年期後的媽媽注意哪些健康事項呢？

1.小心骨質開始快速流失

人一生骨質密度頂峰大約是35歲，之後隨著年齡增長會持續流失。女性更年期後因為雌激素的缺乏，流失速度更快。越早停經，骨質疏鬆的風險會越高。

停經後，婦女骨質疏鬆症盛行率約30％，有1／3的女性一生中會發生一次脊椎體、髖部或腕部之骨折，其中髖骨骨折後，第一年死亡率高達20％，相當於中風或乳癌末期死亡率，是非常嚴重、不得不防的！

建議飲食中攝取充分鈣質，並適量地曬曬太陽，讓身體製造維生素D，增進腸道對鈣質的吸收；並養成良好的生活習慣，避免抽菸或過量飲酒；另外適當的運動也可增加骨密度及肌力、改善平衡，減少跌倒骨折風險喔。

有機會的話，就諮詢骨質疏鬆專科醫師吧！更年期也是個評估骨折風險的理想時機。

若經評估，有骨鬆的危險因子或骨折風險高，建議就透過雙能量X光吸收儀，來個骨密度檢查吧！

2. 容易發胖！心血管疾病找上門！

因為基礎代謝率降低，熱量消耗減少，本就容易變胖；加上雌激素降低、內臟脂肪增加，衍生出胰島素抗性及血脂肪上升的問題，因此代謝症候群及三高也伺機漸漸發展。

雌激素對心血管是有保護作用的，承蒙眷顧，女性50歲前心血管疾病發生率只有男性的一半；但更年期後就失去了這樣的保護，60歲後男女心血管疾病的發生率不相上下。

因此更年期後女性除了注意體重控制、生活飲食上的調整，更要把握成人健檢等慢性病檢查追蹤的機會，注意三高問題、預防心血管疾病。

3.心情美麗，人才美麗！

女性一生罹患憂鬱症的風險都比男性高，在更年期發展出憂鬱症的風險，更是更年期前的三倍。

為何如此？更年期的荷爾蒙波動、生理多重不適、中年壓力、身體形象問題等紛至沓來，就如骨牌效應一般，讓女性在這段時間特別敏感。

若發現自己有失眠、容易焦慮緊張、憂鬱等情形，不用猶豫，向妳的身心科或家醫科醫師求助吧！

最後，謝謝一直叨唸不休，實則愛已滿溢的媽咪。

9

哭泣的母親

晚上睡覺前，看到空蕩蕩的嬰兒床，太陽不自覺哭了出來。

「好想寶寶喔！」

「妳也太誇張，不就才不到一天沒看到而已。」

「帶去阿嬤家的母乳會不會不夠？他會不習慣嗎？」

「妳這麼想寶寶，明天下班快去找他就好啦！又不是多難的事。嗯，妳該不會產後憂鬱吧？」

麥特故作緊張地說。

止不住的淚總莫名被觸發。怪就怪產後這段時間乘載了許多深刻難忘、極具重量的經歷，搭上荷爾蒙變化，情緒的變化總走在思緒的前頭，自己都搞不清狀況，身體先已作出反應。

說到產後憂鬱，太陽想起了小君。小君是太陽的國中朋友，興趣是看足球賽，也曾揚言自己要生足夠組一支足球隊的孩子！

不過婚後，小君的懷孕生子之路不是很順遂。小孩是在積極治療後，盼了三年才如願懷上，又因爲老公是獨子，所以雙方家庭都非常開心期盼孩子的到來。原以爲小君有了寶寶必定喜不自勝，但再次聯繫，小君卻已身陷產後憂鬱之苦。

「我眞的不知道怎麼當媽媽。」小君緩緩地說。「如果沒有生小孩就好了。有一次寶寶哭不停，我對她一直狂吼，還重重打了她屁股……恢復理智後，我好難過自責，卻不知道爲什麼會這樣無法控制自己……」

那次去探望小君，無助的她不停這樣喃喃自語著。

產後能有什麼好憂鬱的呢？想想自己現在的經歷，發現能煩的事情眞的太多了，心情低落還眞是難免。

身體上，產後荷爾蒙變化本就讓情緒較易波動起伏；加上此時處於破壞後待重建修復，渾身疼痛、長時間睡眠不足及哺乳壓力都容易造成慢性疲勞纏身。另外身形上該胖的胖、該垮的垮，媒體還一直報凱特王妃產後火速優雅美麗亮相，眞的太過逼人啦。

心理上，學習當媽媽，和寶寶相處、了解其變化及需求，擔心自己是否做得不夠好，還要應對他人對母職的批評指教。

另外還有夫妻關係、婆媳妯娌關係的經營適應，種種變化根本讓人來不及準備，就得提槍上陣。

「妳先生有說什麼嗎？」太陽小心地問著。

「我婆婆是很強勢的人，我懷孕時就主動要求搬來同住一起照顧小孩，對於孫子要怎麼照顧也很有意見和堅持，常常會搬出當年懷孕她怎麼做，希望我也可以做到。

產後寶寶生長曲線比較落後，婆婆說寶寶瘦瘦都沒長什麼肉，是因爲我奶量太少，我眞的哭笑不得。我先生……他根本無法處理，跟我說他媽媽也是爲了小孩好，要我多忍耐。

我覺得自己根本不是媽媽，只是個負責把寶寶生出來的容器而已。後來提出希望能回去工作，其實也想藉工作調整情緒，沒想到婆婆和先生一起責怪我：『妳這媽媽不會太失職？』我覺得我眞的好卑微渺小……」

小君覺得欲哭無淚。產後四個月了心情持續低落、不穩定，對任何事情都興趣缺缺、也對自己感到沒自信，覺得自己做什麼都無法完成、更沒辦法將孩子照顧好，常常沒來由地哭。

她不知道如何求援，親人也以爲小君「只是累了」，直到失控的行爲發生，經醫療評估，才知道小君已罹患產後憂鬱好一陣子。

「我快要睡著了。妳在想什麼，還有什麼要跟我說的嗎？」麥特揉揉眼說道。

「嗯，應該……沒有……那明天就去找寶寶吧！」太陽緊握著麥特的手，她身體雖累，但心和腦子卻還在鬧哄哄地辦派對不成眠。

她希望麥特能抱抱、哄哄她，多說些柔軟的話，或再聊聊他的想法，或許能幫助她安心放鬆一些，但身旁的男人已抵不住睡神的召喚。的確，他們也因爲家中多的新成員忙碌了好一陣，滿身的疲憊亟待修復，還是別吵他了呀。

今後是否也會遇到難關，又會是什麼呢？人生總是不乏出其不意，也只能兵來將擋，水來土掩了。

產「後」才憂鬱？

其實憂鬱不一定只在產後會發生，在懷孕中也有可能，因此我們現在以「周產期憂鬱」這個詞，來定義包括在懷孕中或產後一年內發生的憂鬱症。

周產期憂鬱可能增加寶寶早產和低出生體重的風險，和孩子日後發展遲緩及注意力不足過動症有關聯，且無論是寶寶對媽媽的依附，媽媽對寶寶的態度（母嬰連結），或家庭內動態關係的健康都有影響。

憂鬱的病因不明，許多理論提及和母親的雌激素降低，神經傳導物質（血清素）異常，或基因因素有關，加上其他多重的心理社會變化，可能造成疾病嚴重程度不同。

產後的情緒障礙

依照嚴重度及症狀差別，大致分三個層次：

1.產後沮喪（postpartum blue）

盛行率約八成，大多產後三～十日內發生，症狀包含情緒不穩、焦慮、易哭、失眠，但發作的時間很短暫，通常不超過兩週。

2.產後憂鬱症（postpartum depression）

盛行率約15%，通常在產後一個月內發生，持續時間超過兩週，症狀包括焦慮憂鬱、哭泣、失眠、反應變遲鈍、強烈罪惡感、無法集中精神處理日常事物，對自己無法盡母職會深深自責，甚至有自殺或帶寶寶一起尋死的風險。

3.產後精神病（postpartum psychosis）

盛行率約1／1000，產後一～四週發作最常見，症狀常會持續好幾個月，通常有混亂、妄想、幻覺的情況出現。甚至會有自殺或殺害嬰兒的危險。

目前最常用的篩檢工具，是愛丁堡產後憂鬱量表。其中共包含十個問題，包含「我能夠以快樂的心情來期待事情。」「事情壓得我喘不過氣來。」「我有傷害自己的想法。」等，各項目為0～3分，總分30分。

若總分在10～12分，有可能為憂鬱症，需追蹤並再次評估；若總分超過13分，代表極可能已罹患憂鬱症，應轉介身心專科醫師治療喔！

如何察覺周產期憂鬱的問題？

每個人的症狀或許都不同，但可能包括：情緒低落、對過去喜歡的事物失去了興趣、食欲睡眠的改變（吃太多或食欲不振，睡太多或難以入睡）、感到內疚或覺得自己毫無價值、長時間無法控制的哭泣、害怕不能成為好母親、害怕與嬰兒獨處、難以集中精神，或傷害自己或嬰兒的想法等，若以上情形超過兩週，請務必尋求醫療協助。

常有人覺得憂鬱症可以透過調整態度來解決，「要超越並且克服它」，但這樣的鼓勵可能會讓憂鬱患者更為內疚。

有人也會誤以為無論是睡眠、情緒、食欲或性欲的改變，只是懷孕或產後自然的變化，甚至罹病的女性本身也不知道自己已生病了（研究發現，被診斷產後憂鬱的女性只有不到20％主動尋求醫療協助），於是容易被忽略而沒有尋求協助，導致許多憾事在未能阻止前就發生。

女性也常常因自己患有周產期憂鬱而感到自責，會認為為何自己沒有和別的女性一樣，沉浸在成為母親的幸福感中。

周產期憂鬱是一種疾病，不是自己能選擇要或不要得到。這不是患者的錯，也不用獨自面對，專業的心理或藥物治療都能幫助控制病情或治癒。

不只媽咪，爸爸也可能罹患產後憂鬱！

產後憂鬱並非女性的專利，畢竟無論男女，對第一次當爸媽、過渡到父母身分，都是充滿挑戰和特別脆弱的時期。

且無論父親或母親的產後憂鬱，都可能對孩子的成長和行為產生負面影響，同樣都需要關心！

女人療心室：什麼是自律神經失調？

這天，門診來了一位被家人帶來就醫，約四十多歲的女性。她的肢體盡顯坐立難安，剛在診間的椅子坐下，就不時左右望向家人，並焦慮表示：「我們回家好了，不要看了！」那隨時想奪門而出的慌張感，令太陽難忘。

「妳先不要急，都來了，讓醫師評估看看啊！」婦人的先生嘗試安撫著。

「真的不要看了，都看不好，每個都說我沒有問題，什麼問題都沒有！啊我就真的很不舒服！」婦人作勢起身，隨即又被眾人勸服。

「李小姐，要不要先讓我知道一下您主要有哪些不舒服，做了什麼檢查，整個來龍去脈清楚後，我會更知道怎麼幫忙。」現場氣氛盡是紛亂。太陽語氣帶著堅定，嘗試穩住空氣中的浮躁不安。

「醫師，我太太她常常時不時胸悶，覺得心臟跳很快，還有頭痛，常常耳鳴！已經這樣很久，超過半年了……也長時間有睡不好的問題。」先生不疾不徐地說，他看起來平時應是沉默寡言的類型，但在言語來回間，反倒成爲一股穩定的力量。

「不止啊，有幾次因爲吸不到氣跑急診，前幾天才去過一次，結果醫生也說可以回家、沒有急性問題啊！」病人的姊姊連忙補充。

「哎呀都不知道她到底怎麼了。」「醫生是不是還可以做什麼檢查？」「噢！看過好多科！心臟科、神經科、腸胃科、胸腔科……」衆人七嘴八舌起來。

太陽看著眼前這位身形消瘦、眉頭緊鎖，表情充滿徬徨不安的女子。她以往的檢查紀錄，包含抽血檢查、心電圖、肺功能、胸腔X光、腦部核磁共振眞的幾乎沒有什麼問題，而且許多檢查在不同醫療院所反覆執行過，卻還是止不住四處求診，原本的病症也從未好轉。

「李小姐，我整理一下目前的資訊。妳有長期睡眠品質不佳的問題，而且半年來不舒服的症狀幾乎涵蓋全身，包含頭痛、耳鳴、胸悶、心悸、也常常有吸氣不順甚至吸不到氣的問題，但過去的檢查幾乎沒有異狀……還有其他症狀要補充嗎？會不會常感到腹脹噁心呢？情緒上是否容易焦慮不安或緊張、注意力不集中呢？」

「我喉嚨常卡卡緊緊的，之前做胃鏡醫生說有胃食道逆流。可是吃很多種胃藥也不太會好，喉嚨還是都有東西卡住的感覺……緊張的話……」

「我太太本來就比較容易緊張，會想很多。不知道爲什麼這半年更嚴重，都叫她要放輕鬆，但實在不容易做到。」

先生看李小姐慌於描述，連忙輔助補充。

「李小姐很難自己控制這些症狀，也不是告訴自己轉念不緊張就能整個放鬆的。

綜合評估後，可能罹患了身心症，我們常俗稱叫自律神經失調，長期處在緊繃狀態無法適度放鬆，就好像車子無法踩煞車、只能一味地催油門，久了身體當然會出現眾多不適的症狀。」

太陽緩緩道來。眾人倒是不顯驚訝，彷彿之前也曾聽過這樣的診斷，沉默之餘，卻缺少好好正視治療的決心。

「所以我眞的不用再做其他檢查嗎？會不會還有沒發現的問題？」李小姐依舊焦慮無比。

「李小姐，綜合之前病史，很多檢查都做過，也無需一再重複了。就給自己個機會好好治療吧！穩定用藥！方向對了，身上這些零零星星卻讓妳非常煩惱的症狀，就會不約而同有所好轉！」眾人一邊安撫病人，一邊聽著太陽描述解釋病情，沒有人敢妄下決定。

「嗯～這是種腦部神經傳導激素的問題，家人也不用一直勸李小姐不要緊張、放輕鬆就好，能完全控制自如的話，就不用到處求醫了。

在服藥的前兩個星期，多給李小姐支持陪伴，增加服藥順從性，之後漸漸穩下來，就好好培養規律運動習慣，練習放鬆的技巧，是會越來越穩定的。有任何疑惑，隨時回診調整都沒問題。」太陽再補充道。

「怎麼辦，要吃藥嗎？還是我……先回家好了，不要看了！」李小姐用求助的眼神望向自己的老公。

「我們試試看好了！就聽醫生的開始治療。」先生話不多，但他短短幾句話，對李小姐而言卻有十足的重要性。

之後的每次回診，夫妻倆必定一起到診，李小姐情況越見穩定，身上多重不舒服得到改善，和初來看診的坐立難安、渾身盡是焦慮，隨時可能衝出門的樣貌判若兩人。

「其實回想起妳剛來時的焦慮度及六神無主，我真的很擔心妳會有一搭沒一搭吃藥而治療失敗！然後繼續在四處看診求醫中無限循環……」太陽說。

「我先生盯我盯很緊呢～時間到了就鼓勵我要好好吃藥、好好治療。也帶我去很多地方散心走走，舒緩調適心情。我們等一下看診完，還要去北海岸！」

「哇～他眞的很用心！這就是最實際的關懷和陪伴啊。」

「我們也計畫要開一家養生飲品店，多虧醫師的協助，我才能靜下心來專注在想做的事情上，有這樣的變化我也覺得不可思議。」

「妳最該感謝妳先生，悉心的陪伴，無價。」

「這是一定的啦！」

李小姐笑容燦爛地步出診間，外頭等候的先生，揮揮手向我致意。

夫妻是生命共同體，一方有難，共同承擔陪伴。太陽發現，天下好男人還是很多的啊！

自律神經的醫學小知識

自律神經又稱自主神經，是維持人體運作基本的神經系統，支配多個器官，調節體溫、心跳、呼吸、消化等，並不受大腦意志的控制，但很容易因情緒或外在環境影響而變化。

例如我們無法隨意指使自己的心跳快或慢一些，但緊張的時候，心跳就往往不自覺地加快。

自律神經分交感神經與副交感神經，當遇到緊急狀況，交感神經會使心跳呼吸加快、增加肌肉張力，消化系統作用變慢，以開車比喻交感神經就是負責催油門，讓人處在高漲緊繃的狀態，以因應壓力！

副交感神經則是讓心跳呼吸減緩，減少肌肉張力，促進消化系統作用，如同踩煞車一般，讓人處在放鬆的狀態。

平時兩者互相調節，維持身體穩定平衡，但若自律神經「失調了」，例如有外在壓力打破此平衡，讓交感神經過度活躍，應當放鬆時卻無法放鬆，就會產生從頭到腳多元的不適症狀，常見有頭痛、頭暈、耳鳴、胸悶、心悸、呼吸不順、手麻腳麻、發抖、肌肉緊繃、胃腸不適、睡不好等，但做檢查，報告卻大多正常。

自律神經失調是「結果」，大多還是廣泛性焦慮症、恐慌症等焦慮性疾患等引起全身交感神經活躍造成。

若有上述身體症狀，經過相關科別檢查確認沒有身體其他疾病，就要考量自律神經失調的可能性，並至身心科或家醫科進行評估治療。

人體的神經傳導物質例如血清素，和情緒的穩定相關，若缺乏會容易造成憂鬱焦慮的情緒。

當症狀明顯的急性期，多數醫師會採用藥物，比如情緒穩定劑先穩定病況，後續維持藥物治療同時，也開始調整生活，譬如規律運動、練習有助於放鬆的呼吸法（如腹式呼吸），發展自己因應壓力的方式及情緒管理，認知行為治療等，重新整理焦慮緊繃的生活型態，找回內心遺失的柔軟、放鬆、平靜。

10 帶傷的母親，怎麼說再見

「醫師醫師！有小天使要送喔！」

揉揉惺忪的睡眼，儘管是眾人酣睡的夜裡，有些故事還是悄悄地在這棟白色巨塔上演著。

小天使是什麼？通常定義是妊娠大於二十週，或胎兒體重大於500公克，在娩出前已於子宮內死亡，無緣降臨在這世上的生命。

深夜的手術房，沒什麼人，主治醫師工作完也回去休息了。冰冷的器械、綠色的布巾四散，一位女性獨自在產檯上哭泣。

她哭著，但強忍沒有發出一點聲音，就是牙根咬緊，手掩著面，身體不住地顫抖著。彷彿這失去孩子的痛苦，是她犯下的業，她是罪人，沒有哭出聲的權利。

一定是自己身體的問題，無法提供寶寶好的生長環境。

一定是哪個環節自己做錯，才讓寶寶無法順利出生。

是不是寶寶不喜歡自己，所以來了又走了呢？

雖然隔著幾步，沒有接觸，但那刻太陽感受到的絕望感，多年後依舊歷歷在目。

護理師默默把小天使託給她，該怎麼做，她自然明瞭。醫療就是很多

SOP，按照標準流程指示就能避免失誤與疏忽；但繁忙的工作，比一般人更多機會經歷他人的生離死別，會將最初的震撼轉爲習以爲常或麻木。

太陽討厭麻木，雖然這可能是種保護機制。她捧著手上的小天使，已經很具人形了，一邊走一邊對他說：

「你媽媽剛剛一直在哭，她一定是很捨不得你，但也無力跟你說再見了。你要加油～～再一次健健康康回去媽媽身邊。」

不得不承認，如果此時小天使聽到她的話張開眼睛，太陽肯定會嚇得腿軟，但是眞心期待她們有再次相遇，且結局完美的一天……

「Welcome to the world！」在寶寶彌月卡，常能看到這樣的句子。多年後太陽生了孩子，才知道這也不是件簡單、如此自然而然的事。

社會新聞上，還是不乏看到些少不更事年輕男女把寶寶生在馬桶裡，或不善待小生命的故事，但也有許多媽媽一次次和排卵針做功課奮戰，好不容易懷上了，每次產檢膽戰心驚，只求寶貝的心跳穩健持續，不想再經歷失去。

面臨死產的女人，身心會受到莫大的影響。若沒有妥善處理這樣的情緒壓力，即便再度懷孕，也會產生更多的壓力與不安。

又一個女人若無法成功生育，未能達成社會、或自己對母性角色期望時，會把失敗歸咎於自己身體或功能缺失。

以傳統的亞洲社會而言，不可否認的，女性或多或少還是背負著傳宗接代的壓力。多年後回想起那位產檯上失落的母親，更擔心她的悲傷是否只能獨自承受？是否得到了其他家人足夠的支持？或他人難掩的失落，會不會使她更感壓力呢？

我們期望天時地利人和的美好相遇，但卻不是每次相遇都有美好結局，這才發現很多事不是理所當然，若你擁有許多美好，需心存感激。

殘酷的現實無關對錯，請停止責備已遍體鱗傷的自己。面對更爲嚴峻的考驗，絕對有資格喘息整裝後，再做個泰然的決定。

被迫放棄的希望

大約五至六成的懷孕初期的流產，都和胚胎染色體不正常有關；另外的可能是和子宮構造先天異常有關；免疫異常及細菌病毒等病原體造成的感染（弓漿蟲、德國麻疹），或其他如荷爾蒙、內分泌異常等疾病（泌乳激素過高、甲狀腺功能過高或過低、糖尿病控制不佳等），也可能致使流產，上述就需針對疾病先做控制處理。當然，也有近五成女性流產的原因無法得知。

流產後的情緒反應？

讓我們來試想一個情境。

失去親人是件痛苦的事。但你仍然對那個人有記憶，可以看照片或分享故事；而流產，腦海中關於那未來孩子的故事其實是空白的，僅能依靠想像而已……

流產可能導致女性嚴重的情緒問題，尤其醫學上找不到確切問題時，流產的媽咪會花費大量的精力，試圖解釋可能的原因，也常責備自己，而導致焦慮、自我懷疑和被身體出賣的感覺。

許多女性也對此感到失敗或羞恥，多達1／4的流產婦女存在長久持續性的調整問題；研究也顯示1／3的孕婦流產後會出現明顯的情緒反應；1／10女性可能發展出焦慮症、憂鬱症或創傷後壓力症候群。

如果是在懷孕初期流產，遭受的痛苦會比較少？

這不盡然！在十週時失去孩子的女性，可能和在二十週失去孩子的女性一樣悲傷且心煩意亂。

通常早期流產或人工生殖失敗，他人比較不容易感受其中變化，但其實這些看不見的損失依舊令遭遇流產的父母感到權利被剝奪，痛苦不見得比較小。

我流產了，我先生也可能難過嗎？

男性經歷的悲痛與女性相似，包括失落感、悲傷、憤怒和疏離。但不同的是，男性的悲傷不易公開顯露，甚至覺得有必要掩飾自己的情緒。而如此應對方式的差異，可能導致人際衝突：女性想討論發生的事情，男性通常希望保持點距離並將情感收斂。

若能讓雙方了解彼此是以不同的方式在處理同樣的悲痛，可大大減少衝突。

我該如何應對流產？

（1）不要認為談論流產只會加深痛苦。嘗試和信任的親友談談，都可以幫助釋放孤獨和悲傷。

（2）用富有含意的紀念品或儀式來紀念流產這件事，有助於克服這種悲傷感。

（3）認知行為療法（CBT）是心理師用於治療流產後患者的另一種常用工具。

旁人該怎麼表達關心？

讓我們想像：一對即將成為父母的男女，他們會設想與未來的孩子一起生活的樣貌，取名字、布置嬰兒房、想像一家人快樂的日常……一旦需要被迫放棄這些期望，是很痛苦的事。若他們願意，我們不用刻意迴避詢問相關經驗。

當您關心的人流產時，可以嘗試用開放式的問題來了解他們的感受。例如「在這個困難時期我能做什麼來支持你？」「目前生活上有什麼調整或應對嗎？」

也可在一些節日（例如母親節或父親節）捎個訊息或問候，表示你在想他們，若是他們需要，你也能夠提供支持。重點是讓受傷的父母知道，他們的感受都是真實的，欲尋求幫助也是件自然的事。

11 孩子出生後，才是考驗的開始

寶寶出生後，太陽和麥特的變化速度，就像身處在不同的計時空間。他們在同一張計畫表上，但完成計畫的時間和旅程軌跡卻不盡相同。

一個以爲只過了一天，另一個已過了一整年；一個已經歷過世界大戰，一個還不知今夕是何年。

太陽相當投入於新手媽媽生活，許多關於寶寶的事情等著了解學習。以往逛百貨公司，逛的是美妝保養、都會女性樓層，如今多了塊心頭肉，買寶寶生活用品、衣物都比看自己的東西來得勤勞。

奶量喝多少、何時餵食換尿布、如何訓練睡過夜、適合什麼玩具、學習製作副食品、打疫苗的時間、與兒科醫師打交道，以及寶寶細微表情動作哭聲代表的各種意義等，事情排山倒海灌進腦袋等著安排消化，這天下除了大老闆之外，更需要個人秘書的，就是媽媽。

最妙的是對於偵測寶寶的啼哭聲，媽媽的雷達眞的敏銳太多。這必定是造物者確保生命繁衍的精心設計，媽媽對寶寶發出的聲音總是精準不漏接，哪怕小怪只是伸伸懶腰或一點輕咳，即便深睡中，太陽也能從床上彈起來一探究竟。

身旁的麥特繼續鼾聲如雷，並在隔天早上問太陽：「寶寶怎麼晚上都沒有吵鬧？眞是氣質很好的孩子啊！」

麥特並沒有嚴重的大男人主義，也並非將事情都丟給太陽處理、什麼都不做，他只是沒有「自動」做顯然需要做的事情，沒有以同樣快的速度進入狀況。也或許麥特從來搞不懂，爲何太陽能有這麼多關於孩子的事情好研究。

「我覺得小孩各自有命，不用為他們勞心太多。」麥特說。

「眞的是你想太少，不是我想太多。」太陽咕噥著。

「所以不要擔心，放輕鬆就好。」麥特接著說。

「我無法放鬆，就是因爲你放太鬆。」太陽忍不住翻了大白眼。

太陽想起婆婆曾說過一句話：「你不覺得男人還是比較不會照顧孩子或做家事嗎？」

太陽覺得不是，這是有沒有訓練的問題。

隨著自己重返工作崗位，時間上的壓縮感及疲憊是越見強烈，也讓太陽更加感覺到這社會對女孩子還是較不公平。

雖然越來越多的女性在職場上大放異彩，但家務責任還是大多以女性爲主，媽媽還是那個較有可能「隨叫隨到」的人。

尿布台放在女廁、夜間起床帶孩子，或幼稚園打電話第一聯絡對象大多是媽媽；甚至長輩們的刻板印象，也還是認爲女性結婚生子後，就是要把家裡顧好，男主外女主內的思維依舊強烈。許多女性的職涯規畫，也大多在結婚生子後，可能發生重大改變。

這社會的進步程度其實沒有自己想像般快速，也難怪一些世代衝突無可避免了。

身體久久積累的疲憊，使得親密關係也成了需要調整的問題。曾經他們如此渴求彼此的身體、親吻、擁抱，現在兩人即便躺在一張床，彼此間的性吸引力卻似乎斷了聯繫。

寶寶的啼哭聲、產後鬆弛的肚皮及尚未減去的脂肪、疲憊感上下席捲的身軀，及心態上在性感尤物及慈愛母親上的轉換未夠游刃有餘，都讓太陽對於麥特的碰觸無法給予熱情回應，甚至帶點陌生及彆扭感。

寶寶出生後第一次過年，兩人爆發激烈衝突。婆婆執意帶著才兩個月大的金孫和親戚們在ＫＴＶ唱歌，親戚們對著寶寶又親又抱，在太陽眼裡，嘈雜的環境和衆人口水中潛在的病菌都讓她避之惟恐不及且嫌惡。

強硬起來將孩子帶走之餘，太陽也向麥特擺了個大臭臉：「小孩才兩個月，根本不適合到這麼吵的地方，而且不要對著別人的小孩亂抱亂親，這是常識！」太陽惡狠狠地瞪著麥特，原本喜氣洋洋的除夕夜，這可是頭一遭過得如此烏煙瘴氣。

「我是想說把寶寶託給我媽帶，這樣我們可以去其他地方約會放鬆一下，妳不高興可以跟我直說啊。」第一次看到太陽如此氣急敗壞，麥特感受到一陣衝擊。

「平常晚上忙完小孩的事要找你講話，你不是都在忙自己的事嗎？」

「我是眞的有事情要忙，而且時間太晚有時眞的累了，爲什麼孩子不交給我媽帶就好，我們就可以有更多時間相處，出去吃頓安靜的晚餐也好！」

「你知道我也很想和你多點相處時間，但我們也不能經常離開寶寶啊。況且媽媽有些帶小孩的方式我不是很認同，她又很堅持自己的方式，講不聽。」太陽忍不住埋怨起婆婆。

「人家都願意辛苦幫我們帶小孩了，還這麼多意見幹嘛。」麥特聽到太陽評論自己的媽媽，態度也瞬間強硬起來。

「我們是孩子的父母，錯的方式本來就要溝通，我不懂你在怕什麼！爸爸抽菸留下的二手、三手煙害都會影響寶寶，平常媽媽給寶寶吃些有的沒的我已經很忍耐，還有像今天環境這麼吵對寶寶不好，他才兩個月大，你怎麼什麼都沒說？連這點捍衛自己小孩權益的勇氣都沒有！你爸媽是有多玻璃心？你又有多玻璃心？」

「妳不覺得妳現在變得很難相處嗎？動不動就臭臉，是有誰有得罪妳了？為了小孩就可以什麼都不管嗎？」彷彿被刺中軟肋、踩著逆鱗，麥特氣急敗壞吼著眼前這不可理喻的女人。

常常是這樣，原本預期的傾聽、溝通、陪伴，卻變成了吵架冷戰收場。氣頭上的兩個人將言語交鋒、化成凍結的空氣，這是他們第一次同在一個空間，卻覺得已經沒什麼好向對方說。

他們都清楚感受彼此的爭執日增，相處不若以往輕鬆，但是當事情開始變化，也不知如何告訴彼此心中的失望。

因愛情結合，有了愛的結晶，原本預期是一生中最美好的時光，卻反而開始質疑兩人是否真正合適。

結婚是愛情的墳墓嗎？不是的。正確來說，有了孩子後，才真的是一切挑戰的開始。

孩子如何影響婚姻滿意度

研究人員探究了生孩子對婚姻滿意度下降的影響，發現有孩子的夫妻比起沒有孩子的夫妻的婚姻滿意度下降得更快（父母幾乎是非父母的兩倍）。

在產後的兩年內，男女的婚姻滿意度均顯著下降；女性在產後前六個月內婚姻滿意度下降最大，而男性多為在接下來的十八個月內婚姻滿意度降幅最大。

拉長來看，婚姻滿意度與家庭生命週期不同階段大致呈現U型曲線，大概自婚後持續下降，直至小孩到學齡階段才逐漸回升。因此希望藉由「有個孩子」來加溫夫妻關係，其實是很危險的事。

「過渡為父母」這樣的身分轉變對婚姻滿意度造成影響，這樣的影響往往突然發生，並隨著時間的流逝而持續存在。包含以下因素：

1. 雙方進入「親職」角色速度上的不同步

女性對自己在「母親」身分上的自覺及投入，懷孕後期約為10%，產後六個月上升至34%，並在產後兩年，大約維持在三～四成。

男性對於成為「父親」的投入及自覺大多比女性慢，當孩子一歲半時，投入部分不到女性的1／3。

當寶寶六個月大時，若男女這樣的認知鴻溝越大，夫妻雙方的婚姻滿意度就越低，且在之後一年下降的幅度就越大。

2. 女性更易被傳統母職綁架

儘管這社會一直高喊打破傳統，兩性平權，社會也開始標榜擅長家務的好男人，但事實上即使夫妻雙方都全職工作，女性在家務管理及照顧孩子上仍然承擔著大部分責任，而這樣的情形在孩子出生後更難恢復平衡。

包含安排寶寶餐食、尿布、洗澡、洗衣服、帶孩子外出、安排保姆、回應嬰兒的哭聲，半夜起床哺乳等，事實是女性在親職上必須付出比男性高的成本，較容易被「傳統母職」綁架。口號和實際情境不同步，導致期望產生落差，也容易造成夫妻間的困擾和爭執。

3.親密感下降

研究指出，年輕夫妻在第一個孩子出生後，彼此間的性生活常產生問題，且約有1／3會發展成日後性心理障礙。

產後期間，影響女性性生活的首要因素為疲倦，其他也受到如生殖器官的創傷、擔心感染、乳房脹痛、壓力、新生兒照顧的限制、身體外觀改變及憂鬱等因素所影響。

且產後血液中的雌激素及黃體素濃度開始下降，陰道壁變薄缺乏皺摺，加上陰道的潤滑液變少，於性行為時較易產生疼痛感。其中，哺餵母乳的女性因泌乳激素的分泌，雌激素及黃體素的恢復會再延遲，導致陰道更為乾澀，也會對夫妻恢復親密感產生影響。

產後曾被性別化的女性身體部位（如乳房、陰道）變得更具功能性，尤其對不斷擁抱和餵養嬰兒的新媽媽來說，伴侶的額外身體接觸可能也不那麼令人興奮。

爸爸知道寶貝出生後，這世界是會改變的，只是沒想到已經變了天！蠻多人妻都有生完小孩後，看老公不順眼的某段時期。如果說造成失和的原因是兩人的不同步，那為何孩子出生後總是婚姻滿意度的低點，應該可想而知。

男人女人在迎接新生兒的那段忙碌時間，心中竟都藏著一份失落、一份不滿、一份孤立無援。

新手媽媽感嘆自己分身乏術，期望另一半火速跟上腳步幫忙分勞解憂；而新手爸爸手足無措之際，也一邊適應著自己的老婆被個小妖精拐走的事實。以下幾個給新手爸媽的鼓勵：

（1）新手爸媽如果在適應親職身分上遇到一些困難，請了解妳絕不是孤單一個人，這是大多數人會遇到的問題。寶寶在短短的幾個月內有很多很豐富的變化，他們需要時間來適應全新的生活，父母也一樣，沒有人天生會當爸媽。

（2）睡眠不足時，情緒上更容易感到憤怒及躁動，解決衝突方面的表現就會更差。

即使晚上仍需醒來照顧孩子，還是可以採取一些方法來舒緩疲勞，例如不要帶手機或平板電腦上床睡覺、保持良好的睡眠衛生，或者和伴侶討論夜間分工，讓兩人都能獲得適度的休息。

（3）共同參與，才能拉近彼此在育兒認知上的鴻溝，才能更設身處地了解「為何原本在心中認定的瑣事或小事，足以讓伴侶如此煩心勞力。」這樣，或許就不會說出：「顧小孩哪會累?!」這類讓伴侶一秒爆氣的話。媽媽們也應該多放手，鼓勵伴侶積極參與。

（4）一個瀟脫的媽媽，背後可能有個管家公爸爸，憂心的事情已有信賴的人能共同商討託付，自然就瀟灑許多。養育新生兒是父母共同的功課，需要同心協力完成。爸爸越是積極參與，縮小夫妻間育兒方面的各項認知差距，您家老婆就會越感到安心，爭執就越少。

（5）女性朋友也不妨了解一下，另一半可能因為新生命的誕生，亦有其不安或無助，例如不知道怎麼照顧寶寶及產後需要調養的老婆，不知道怎麼處理棘手的家庭紛爭或婆媳問題，不知道怎麼成為一個好爸爸好老公，更不知道怎麼向妳討愛。

已有越來越多研究重視「父親」產後憂鬱的問題，我們不妨大方明確說出自己的需求，給隊友明確的指示，減少互相猜測心意的遊戲，少些苛責、多些鼓勵，增進正向循環。

妳的伴侶在育兒之路上可能較慢起步，但迎頭趕上後，絕對不失為一枚極佳的戰力。

12

剪不斷理還亂的婆媳關係

若說整個剖腹產讓人最懼怕、足以哀號求饒的痛，當屬產後護理師毫不手軟地按壓子宮爲首，原意是想協助惡露排出，但卻令人痛不欲生。

太陽記得很清楚，剖腹產結束，整個人因爲麻醉後低體溫全身顫抖，術後管路還在身上、衣不蔽體，回到病房後護理師又神手毫不留情往子宮一按。

要說懷孕、生產哪時有後悔的感覺？就當屬這時了。人爲刀俎我爲魚肉的無助感迸發，眞會懷疑自己爲什麼要受這樣的苦。

還好，有媽媽。媽媽緊緊握著太陽的手，很心疼自己的女兒承受這麼多的痛楚；麥特應該是被太陽的狀態嚇傻了，有些不知所措。

婆婆，就算了吧。

「妳要忍耐，生小孩都會這樣。」

「我想是因爲她自己是不怕吃苦、很會忍耐的人，所以才會這樣說。她沒有惡意。」麥特無奈地說。

太陽當然知道婆婆不會有惡意，但這也說明了：婆婆眞的永遠不會是媽媽。

這場婚姻最讓太陽感到無奈的，就是婆媳的分歧。婆婆是個十分傳統的女性。

「嫁雞隨雞，嫁狗隨狗。」

「女人要把家裡顧好，以先生孩子為重。」

「嫁到別人家，如果命不好也只能認了。」

上述是聊天時，婆婆自然透露的價值觀。但從小媽媽就跟自己說，女孩不是誰的附屬，無論結婚與否，都要獨立自主、經濟自由，因此這些話聽在太陽耳中，自然不以爲然。

眞正發生諸多衝突，當屬寶寶出生後。記得懷孕時，一次和麥特手牽手在百貨公司散步聊天，買寶寶包屁衣。兩小無猜天眞爛漫地想像孩子正式到來後的種種甜蜜、歡笑、感動，也談起日後照顧孩子的方式。

「我媽說可以幫我們照顧寶寶。」麥特說。

「嗯嗯～媽媽把你養得這麼好、這麼帥，應該沒什麼問題的！」

儘管一點不安的情緒微微從心底探出，太陽摸摸肚子裡的寶貝，懷著一個生命，一個希望，哪有什麼事好擔心煩憂的呢？

結果寶寶出生後，媽媽和婆婆因寶寶而引發的戰火，象徵傳統和現代教養間的拉扯，是一觸即發且久久不歇。

「你現在動不動就感冒生病毛病一堆，應該是小時候被媽媽餵了八寶粉吧！」麥特覺得啞口無言，不是之前覺得我很帥，媽媽養得好嗎？

都說距離能產生美，一個在充滿期待下誕生的孩子，吸引了來自各方的關愛，就悄悄地打破那足以產生美的距離。

老公請出自己的媽媽幫忙帶小孩，就像是發了英雄帖給兩位武林高手，這「合作」大大增加了兩者互動的機會，可能的摩擦和衝突當然提升。

阿嬤覺得寶寶冷。

阿嬤覺得寶寶晚上睡覺容易嚇到要帶去收驚。

阿嬤覺得睫毛要剪要塗母乳才會長得長又漂亮。

阿嬤煮大骨湯泡珍珠粉給乖孫喝……

婆婆對寶寶的養育有太多個人的經驗談或傳統的獨家密技，對太陽來說眞的不堪其擾。

長輩的觀念根深柢固、難以改變，且老人家彼此間口耳相傳的偏方比專業醫師說的話還要有影響力。

太陽覺得自己不只是在和婆婆斡旋，而是和整個街坊鄰居三姑六婆纏鬥著，早已疲於奔命。不但常常跟婆婆沒有共識，且身爲母親卻不被尊重的感覺，是更令人生氣無奈之處。連帶地，老公也變得面目可憎。

麥特一直不是善於溝通的人，對於兩個女人間的爭執可能無所適從，想當然也拙於應對。

「媽媽體念我們工作忙碌、幫我們帶小孩，不要再挑剔這麼多了！」

「我覺得妳小題大作，多慮了。」

「可以不要這麼難相處嗎?!」

這些回應讓太陽覺得孤立無援。

新手媽媽是想不開的，占有欲強，凡事都想親力親爲，無法放過自己。寧可自己受苦，也要把寶寶的利益擺在第一優先。

打從成爲母親之後，太陽顧慮的就不只是她自己的事，還包含寶寶的事。這位房東媽媽不只是提供孕育生命的容器而已，她給予新生命太多珍貴的元素，包含愛、包容、退讓，甚至犧牲。

懷孕時，原本愛美時尚，可以脂粉未施反璞歸眞；產後，怕母乳不充沛，即便看著身上脂肪嘆氣也還是努力進補。

還有，跟許多懷孕中的母親一樣，即便被噁心嘔吐、感冒流鼻水發燒、便祕，被胃食道逆流整得苦不堪言，但不到極限，絕不輕易以藥物緩解症狀，只怕對寶寶造成絲毫不良影響，但太陽覺得麥特絲毫無法同理她的爲難或堅持，即便是婆婆，對於孩子的父母也應予以尊重啊。

回想起從月子中心返家的第一週，太陽找了個空檔到家裡附近藥局買安撫寶寶玩具，順便散散悶壞的心情。太陽和藥局老闆從新生兒用品，聊到近日的新手媽媽生活。

「孩子現在誰照顧啊？」

「現在婆婆幫忙看著。」

「嗯～相信我，學會睜一隻眼閉一隻眼啊。」

看著眼前這位中年男性，講的是再簡單不過的道理，但對產後情緒敏感，全身感官異常敏銳的母親來說，需要強硬地遮蔽多少感知神經才能做到？婆媳戰爭，實則是一種修行呀。

「哎呀！還是早黑掉早輕鬆吧！」太陽喃喃自語著。

婆媳問題，是婆婆、媳婦與丈夫三方互動的結果

婆媳相處中多樣問題層出不窮：媳婦埋怨婆婆過度干涉子女的教養方式，妯娌間對待相處標準不一、不公平，婆婆凡事以自己兒子為尊，自己感覺隱私被侵犯，或甚至對媳婦原生家庭不尊重；婆婆則抱怨媳婦對待公婆不夠盡心、不做家事、愛花錢等。

隨著時代的改變，雙方在價值觀上的落差，都是婆媳問題自古難解之因。過往文獻指出，各自具以下特質的婆媳較不會出現互動問題：婆婆不過分干涉子女生活，不堅持己見、以「過來人」「同理心」的態度體諒媳婦，給予媳婦自由空間，與媳婦原生家庭建立友好關係。

媳婦體貼、主動、積極溝通以化解可能的誤會、危機，不過斤斤計較，也不將婆婆的善意視為理所當然，才能使婆媳關係融洽。

丈夫的角色

解決婆媳問題的要素，除了雙方各退一步，海闊天空外，丈夫是否能扮演良好的「溝通橋樑」，減少雙方在磨合過程的誤會也是關鍵。隱藏在婆媳戰爭後的問題，常常也是夫妻間本身的溝通障礙。

丈夫積極、但不偏袒的溝通技巧，是有助於和緩婆媳緊張關係的。例如不適合在聽完太太的抱怨後直接找母親吵，反而會加大衝突；可選擇母子私下相處時，並非針對妻子的抱怨，而以輕鬆聊天方式，以自身訴求為出發點向媽媽表達意見。

但若丈夫抱持事不關己、逃避或索性築起防衛牆的態度，要求妻子忍耐，可能讓妻子陷入孤立無援的狀態，更加深婆媳間嫌隙，且態勢不會有所改善。

不可能真的是母女

婆媳本來就是兩個不同個體。

一紙婚約可能讓兩個女人在一夕間變成家人，但在本質上就是長輩和晚輩的關係，需要互相尊重，但不可能宛若母女。

若先生察覺到自己的母親和妻子在價值觀，許多想法上有很大的差異，真的不必要勉強兩個人一起共事。

夫妻經過自由戀愛，朝夕相處找到適合的另一半後，經營婚姻尚有許多需要磨合之處，更遑論是常需要以巧妙距離維持美感的婆媳呀。

尊重，並降低衝突的發生

世代差異非常難在短時間改變。雙方不可能情同母女，但彼此的確是親戚關係，是生活的一部分，能找到和平相處的方式是件好事。

以孩子教養為例，大多數父母為了孩子的健康成長有其考量，長輩需尊重父母生養孩子的規則及方法主導權，而父母也要尊重「祖父母特權」。

若實際上沒有帶來害處，有時睜一隻眼閉一隻眼，讓大家都能享受天倫之樂，會更輕鬆許多，也有許多年輕夫妻其實十分感念公婆或爸媽的後援，讓辛苦的育兒能得到喘息。長輩的正向幫忙，其實會成為如虎添翼的助力。

若溝通修復無效，衝突無法避免，那就降低衝突發生的機會吧！爸爸們，千萬別覺得自己只是兩塊餅乾中，那左右為難卻無計可施的無辜夾心。

婆媳關係要好，丈夫絕對是舉足輕重的角色。結婚是代表另組了個家庭，能將婚後核心家庭的責任義務和原生家庭做區隔，是極其重要的事。

女人療心室：不被了解的纖維肌痛症

教學門診，是主治醫師帶著住院醫師或實習醫學生，從實際看診中一併進行教學的模式。在尊重病患隱私及權益的情況下，讓經驗尚淺的醫師有機會更紮實自己的專業醫學知識。

太陽很珍惜每次的教學門診時間，這是個能夠花時間更加了解病患及疾病樣貌的學習模式。

眼前的劉小姐是一位「纖維肌痛症」的患者，除了醫學知識外，教授更希望太陽能了解這疾病的獨特之處，所以先讓太陽和患者進行問診。

此時，太陽更深刻體會什麼叫「病人就是你的老師」。教科書上寫的東西唸再多，也不比一個眞實案例擺在眼前，娓娓道來病情來得印象深刻。

身體的傷容易發現，但一些隱性的痛，因爲不容易感同身受，反倒可能造成誤解，並加深痛苦。眼前的這位患者，光是對於自己到底生了什麼病，想要得到一個解答，就經歷了兩年的時間。

「妳從什麼時候開始感到不舒服的呢？」

「從25歲開始，我就常因偏頭痛而困擾。醫師告訴我要試圖釐清造成疼痛的因素，並加以避免，但我無法得出任何明確的結論，而且情況越來越糟。我感覺自己的肌肉很容易疲勞，就算是做些非常簡單的事也一樣，比如保持相同姿勢超過十分鐘，關節就會開始不舒服；也開始容易腸胃不適，有噁心和消化不良問題。」

「可以更詳細描述一下痛的感覺和性質嗎？是刺痛、痠痛、還是悶痛又在哪些位置呢？」

「說到疼痛。真的很難用言語形容，包含肌肉的痠痛，多處關節十分僵硬，有時全身如針刺般灼熱，非常強烈、廣泛，我自己都也難以置信！感覺就像被卡車撞了一樣。而且一切變得越來越糟，吃止痛藥效果也不好，有好幾次我是連起床的動力都沒有，渾身疼痛又疲憊。」

「我可以感受到妳的疲憊，不只是身體上，心理上想必也十分煎熬吧！」

「除了疼痛之外，我有好長一段時間都睡不好覺，即便有時睡著，醒來仍然覺得筋疲力盡，感覺好像一直睡不飽，真的太折磨了！長期下來，焦慮、憂鬱、和慢性疲勞的問題統統找上門，真的……很累、很累。」

「和這些不舒服抗衡了這麼久，有沒有做過哪些檢查？結果又是如何呢？」

「我做過好多好多檢查呀！長期頭痛，怕是腦中長不好的東西，所以我做了腦部核磁共振，結果沒問題，但我還是持續頭痛。我也做過很多抽血檢驗，幾乎什麼科都看過，復健科、骨科、神經外科、腸胃科都看過，但檢查結果都說沒有問題。終於，在長達快兩年，走闖醫院好幾回合後，我得到了解答：18個觸發痛點中，我勾選了15個，又綜合其他問題，包括失眠、焦慮、持續疲勞等，最後醫師跟我說我罹患了纖維肌痛症。」

「兩年……真的好久啊！所以繞了好一大圈，終於知道自己生了什麼病，對妳來說，我想應該意義非凡。」

「是啊！找到原因和診斷對我來說其實非常重要。罹患這個疾病，最困難的還是面對他人的誤解。之前常常有人覺得我誇大或神經質，明明檢查都沒問題，爲什麼還始終痛苦難耐的樣子。我知道他們很想理解，但卻無從理解。

確診至少讓我知道自己多年來辛苦和痛苦的原因，也懂得修正對一些事情的期待，使之較爲合理化。譬如我知道有些體力活動我無法順利進行，就會調整自己的節奏，以避免把自己推到極限後造成的沮喪及疲憊。

診斷也讓我放寬了心，我知道我的身體並不完美，但並不是無病呻吟，並不是被詛咒的身體。我是個纖維肌痛症患者。」

聽劉小姐用平和的語氣分享自己的經驗及心路歷程，太陽突然意識到，對於病人的任何主訴，都不宜輕率面對。

有時候，臨床上檢查可能遍尋不著異常，但不代表病人身上並沒有承受苦痛。這些疼痛，都可能是病人和自身疾病一路拚搏，至和諧共處的痕跡。

「是收穫滿滿的一個午後啊。」

感謝行醫過程中，每個傾囊相授的老師。

連超級巨星都不堪其擾的疾病

美國流行樂壇天后女神卡卡（Lady Gaga）因為纖維肌痛症被迫取消在巴西的巡迴演唱，更宣布因不堪病痛長期折磨之苦需要暫別樂壇，令許多歌迷深感錯愕及不捨。

纖維肌痛症是什麼？為何殘酷地成為壓垮巨星身心的那根稻草？我在門診常見患者來訪，主訴已經全身不明原因疼痛好一段時間，有時即便是輕微的碰觸也覺得疼痛不已，甚至睡覺被痛醒，而且怎麼休息都還是覺得累、睡眠品質很差，病人也常伴隨著憂鬱、焦慮的情形。

讓患者更困擾痛心的是，走遍醫院，許多科別做大大小小檢查都被告知沒有問題，於是漸漸地，身旁的伴侶、家人、朋友都覺得自己是沒事找事、裝病、或無病呻吟，被戲稱只是得了嬌縱的「公主病」。

人際關係出現問題，自己卻有苦難言，畢竟這痛，是真實存在的呀！患者背負著不被瞭解的壓力與沉重，加上疼痛的侵擾，不自覺感到悲傷、沮喪、憤怒、也絕望……

女性四大身心症之一

纖維肌痛症任何年齡層都有可能發生，但又以中年女性為多，女性約為男性的六倍，為女性四大身心症之一。

目前機制尚不明朗，但普遍認為和掌管疼痛中樞神經系統的失調有關（脊髓傳入疼痛信號的放大）。

舉凡神經傳導物質失衡、遺傳、心理社會因素都可能是造成或加重病情的原因，疼痛和慢性疲勞更讓患者身心飽受煎熬，惡性循環下，憂鬱、焦慮更無法獲得控制。

纖維肌痛症純以臨床問診診斷，也可能與其他疾病一起發生。

「得到診斷」對許多患者是有幫助的，至少可以使病人了解他們沒有另一種更嚴重的疾病，繼而停止重複檢查，重複尋求診斷的循環，讓病人向前看，朝減少症狀對生活產生影響的層面努力。

疼痛是真實的

纖維肌痛症的盛行率在全球估計為0.7～13.4%，台灣大約為5.8%。三大主要症狀為疼痛、疲勞和睡眠問題，其他如憂鬱、焦慮、記憶衰退也十分常見。

危險因子包含：中年女性、吸菸、身體質量指數偏高等。若有上述核心症狀，且至少發生三個月以上，就得當心是否為纖維肌痛症。讓我們一起來了解、正視這個問題，重要的是，別視這群病人為「無病呻吟」。

13 縱橫職場、家庭的現代女子

「來，妹妹來，這麼可愛活潑，讓阿姨看看妳的手。」花阿姨是媽媽的朋友，對手相略有研究。一次的家庭聚會，說要幫大家看手相，小太陽成了第一個「受試者」。

「哇～～這個以後會賺錢喔！可是齁，沒辦法當少奶奶！」少奶奶？是貴婦？是跟富二代結婚的意思嗎？

「我也沒有要當啊。」小太陽心高氣傲的說。

身爲家中的長女，從小寄予厚望「照書養」，媽媽也常說，女生要經濟獨立，要有自己的工作，才能掌握自由。

太陽其實想得很單純，她認同追尋自我，找到自己的特色和價值，也希望工作可以結合自己的興趣，做起來充滿方向和動力，而不是只爲生活。

因爲對工作的十足熱情及投入，太陽被視爲明日之星，長官對她期許甚高，太陽也希望自己不負期待。

她身兼數職，身爲醫師，因爲病人多，常常門診看到超時，夜診後十一點回到家是常有的事；她也是名老師，指導醫學生未來成爲足以獨當一面的醫師；她還是名學生，在白色巨塔中，要升等成爲副教授、教授，持續學習提高學經歷是不可或缺的要件。

但她也是妻子、媽媽，亦爲人子女。對於孩子的日常陪伴，夜間說故事哄睡及週末出遊，夫妻倆親力親爲，早上上班，晚上回到家繼續育兒的工作，時間極度壓縮，疲憊感也日積月累，幾乎沒有喘息的空間。

她很努力，眞的很努力，但現實就是：時間就只有這麼多，很多人都需要她，但她無法滿足所有人的期待，例如麥特。

麥特戲稱自己雖是外科醫師，但老婆似乎比自己忙碌。他們幾乎沒有停下來溝通陪伴的時間，更常爲了繁瑣的家事吵架。

一天下來，回到家都累壞了，誰都想直接倒臥在沙發不動。但該有的陪伴不能少，撐也要撐到講完睡前故事、孩子睡著，兩人才較有屬於自己的時間。情緒緊繃之下，誰沒有收洗衣服，亂了的空間沒有及時清理就容易成爲引爆爭執的火苗。

「妳知道我其他同事都不用帶小孩的嗎？我也有很多事情要處理啊！」

「麥特，我眞的很感謝你能夠一起分擔，但家事、帶孩子不就是我們兩個人共同的事嗎？」

「我不是不想做，但我已經幫妳很多了不是嗎？妳能不能事情不要那麼多？」

「幫我？所以你還是覺得家事應該就是我的事嗎？說實話，你是不是其實希望我不要工作，專心在家把家裡照顧好就好？還是你媽媽又唸了什麼？她一直和我媽說你姊姊就算有請家管也把家裡顧得很好，天啊～～雙重標準嗎？你姊姊有上班嗎？沒有啊！我們家有家管嗎？也沒有啊！

上次回去你媽媽也一直說你開刀比較忙要我好好照顧你，所以我就不忙？我沒有比較輕鬆啊！」

「我媽媽是比較傳統，我沒有希望妳和她一樣，也並不是希望妳不要工作，只是有時候妳忙起來是沉浸在自己的世界，好像消失到另一個空間去了。太陽，妳必須有覺悟，妳的時間就這麼多，妳的體力也沒有很好，工作累了一整天回到家，一定會心有餘力不足。當遇到工作及家庭有衝突的時候，妳眞的知道怎麼取捨嗎？」

兩人累積已久的壓力及疲憊，隨著失控的情緒及對彼此的不諒解整個爆發出來！

想起前些日子，醫學院的學生後輩來訪問太陽，關於習醫、行醫的歷程、經驗，乃至女醫師職涯規畫的分享。

有人好奇自己的經歷信念應是好事一樁，至少代表自己的行爲言論是有影響力的，但太陽絲毫不想美化自己多會時間管理或能力多強，因爲她知道雖然闖蕩在這江湖有些許成績，但一路走來遇到挫折，還是得不斷地重複碰撞、溝通、碰撞、溝通的過程。

這世界並沒有特定繞著誰轉，有支持你的同道中人，就也不乏存心拆台的牛鬼蛇神。

每個人一天都是二十四小時，家庭或工作哪邊少放一點，少掉的那些就是要有人能支持分擔。看起來光鮮亮麗的人，背後可能也經歷許多外人想像不到的磨練轟炸。

許多前輩都說，麥特和太陽處在事業剛起步、家還有小小孩的年紀，是人生最忙碌的時候，但太陽自認已是新時代女性中「幸運的」一個，麥特並非不支持她的工作及理想，但兩人同在職場家庭間奮鬥的分工及平衡，他們都需要繼續努力，協調出屬於他們穩定的模式。只是在這樣突破磨合的過程中，依舊耗盡他們不少氣力、甚至消磨了感情。

人生也就這麼一回，都說有機會應當好好把握，但一段時間下來，太陽眞的身心俱疲，一些行爲也遊走在失控邊緣的境界。她不想讓人失望，尤其是不想讓她愛的人失望，但好像怎麼做、怎麼修正，都依舊不夠，這讓太陽感到心力交瘁。

縱橫職場家庭的現代女性，最需要學習的是擺脫情緒勒索，以及斷、捨、離！

如何避免職家衝突？

職家衝突是什麼？

小時候常看到媒體給予事業有成，伴侶或家庭關係幸福美滿的女性一個「工作愛情兩得意」的美名，長大後才發現能夠兼顧得當，並從內而外怡然自得，是多麼不容易！

社會越見進步開放，女性肩負的角色也更加多元。除了職場上有所發揮，也身兼媽媽、妻子、媳婦等家庭角色。這些截然不同的角色，包含不同的責任及承諾，但在時間體力有限的情況下，我們往往不容易面面俱到，壓力無可避免地因而產生，這就是職家衝突！其中包含以下幾個面向：

1.時間的衝突

花在其中一個角色的時間太多，另一角色無法花費同樣心力，因而難以達到要求，比如因為假日加班而無法參與孩子的課外活動。

2.壓力的衝突

在某個角色上感受到壓力，因此影響到另一個角色！而造成雙重角色不相容的情況，沮喪、脆弱等情緒也因而出現。比如職場上感受到的壓力及負面情緒，讓妳沒辦法平心靜氣地在睡前為孩子溫暖無憂地唸一篇故事。

3.行為的衝突

擔任一個角色時，被要求的行為特質不相容於其他角色。比如在職場上的分秒必爭，實在不適用於和家人的柔軟彈性相處；或是職場上的應酬交際可能對工作有其重要性及一定必要性，但對家人而言較難被諒解。

研究已經證實職家衝突會對個人及組織造成負面影響，比如工作績效差、想離職、感到倦勤，也會影響個人身體健康、造成心身壓力（焦慮或憂鬱），乃至整體家庭或婚姻滿意度下降。

女人的裡外不是人及自我矛盾

現代新女性在教育學識、社會地位、及勞動參與上雖都持續向上提升，女性權益也日益受到重視，但個人或社會對女性在母職、家庭上的表現依舊抱有一定期待。

社會期待女性成為理想的照顧者，好媽媽必須將孩子的利益置於優先順位；而在工作上老闆期待的理想員工，則是以組織發展為重。

其次，女性在職場上相對男性更有後顧之憂，這也是普遍存在的現象。所以不可諱言，比起女性，男性在上述要求更容易達到一致性。

社會對男人成功的定義多取決於其工作成就！男性在工作上衝鋒陷陣，有妻子做後盾打理家務或育兒，這樣男主外女主內的畫面，是大家再熟悉不過也普遍接受的情境；若男性能參與育兒及家事，通常不必太費力就能獲得暖男或好男人的頭銜及獎勵。但對女性而言，在家庭及工作上的角色常面臨一種「文化矛盾」。

身為母親，被期待對家庭對孩子的無私奉獻及優先，而在工作上，則需要盡可能以組織最大利益為優先。要並列第一並非完全做不到，但現實的困境常常需要女性做出選擇，而女性本身也深陷這樣的文化矛盾中。

越來越多女性認同獨立自主、經濟自由的重要，認知人生不只侷限在婚姻與家庭，並期待透過工作實現自我及作出貢獻。

但在家庭經營上，女性同樣期待掌握主導權，且沒有因工作壓力就降低自己對母職的標準或照顧孩子的時間心力，因此容易對工作、家庭難平衡的窘境自責，陷入蠟燭多頭燒的困境。在如此的矛盾及衝擊下，所謂現代獨立自主的女性，真的沒有好過到哪裡去。

職家衝突的因應之道

首先，在工作及家庭中，發生角色衝突是不可避免的事，也不會自行好轉。期待「兩全」是需要特別經營、不斷溝通的，而非自然而然就水到渠成。

當面對職家衝突的角色衝突壓力時，妳怎麼因應呢？以下是我們可以嘗試的方向：

1. 消除環境的壓力

與造成壓力的人溝通，了解對彼此角色有何期待、有何需求或標準，並重新協調責任及任務，讓雙方都能接受，並減少衝突。

比如夫妻兩人可能常為了家事分配吵架，或許在溝通後發現，彼此都有「只要有人能分擔做好即可，不一定要親力親為」的共識，此時委託家事員協助就是種因應之道。

2. 在不同角色間排定自己的優先順序

對自己在妻子、母親、工作場域的角色有何期待與認知，至少要做到幾分？有什麼原則或底線？

有時不必事事做到一百分，掌握重點，一些事「夠好就好」，也能為整體創造和諧及最大價值。

3. 資源盤點

正視問題來源、檢視現有的資源並做適當的分配利用。例如職場上是否有彈性的安排？是否有主管及同事支持協助？公司附近是否有托育中心或任何家庭友善政策可利用？以及有沒有家庭的支援（隊友、父母親人後盾支援等）及相關托育補助等。

這是條需要不斷溝通、磨合的道路。但也是這樣的歷程讓我們更加了解自己、伴侶、所愛的人其想法及需求。

妳認識的自己是什麼樣子？期待些什麼？怎樣的生活步調才能幫助自己擁有內心的穩定平靜？當經驗值越累積，能掌控的事物越來越多，這條路會越走越甜美順遂。若妳也覺得累了，不妨和家裡、和職場請幾天假，聽聽自己的聲音，然後再繼續優雅前行。

14 親愛的，我們不只是父母，更是夫妻

打從除夕夜的一場大吵後，繁忙的生活每日每日不斷推進，後續兩人的摩擦也並沒有因此停下，大小爭執仍舊持續不斷，太陽不禁開始思考自結婚生子後的一切變化。

徜徉在兩人世界時，自己是個愛情至上的女人，常看的文章是：〈如何讓他離不開妳〉〈男人愛你的10條標準〉〈維持熱戀感覺的15個好習慣〉。她研究麥特喜歡的菜，想抓住他的胃也抓住他的心；偶爾到網拍買個性感睡衣或有趣的角色扮演，爲兩人生活增添情趣。太陽期許自己要做到，持續爲兩人的生活增添新意、注入活水。在看過這麼多炙熱的愛燃燒殆盡，婚姻的延續只爲了孩子、只爲了生活的故事後，她眞心想好好努力，讓兩人的愛情可以延續不斷，也認爲只要用心經營，一定可以長長久久。

如今的轉變還眞有點大。不管是有心無心，是忽略還是忘記，對眼前這男人似乎看不順眼的時間變多，有時甚至想視而不見。覺得他毛病一堆，當時怎麼會瞎了眼結婚。

那個原本讓自己眼眶泛淚說「我願意」的男人，儼然已經變成豬隊友，一個時下媽咪對伴侶表達不滿的代名詞。

的確已有好一陣子，太陽生活的重心主要放在孩子身上。

第一個孩子，滿足他的需求已是第一要務，看他漸漸能抬高脖子、能坐著、學會爬、學會走，到跑給爸媽追，媽媽自然感到欣慰不已。但這樣的過程是否不知不覺忽略了其他的事？包含和麥特的相處？

許多個下班後的夜晚，洗澡、餵奶、換尿布、看著孩子在柔軟的床上睡著，父母終於迎來那個躺平放空、什麼都不做的短暫時刻，但有時當一方想聊天說話，另一方卻可能必須忙隔天工作的事……這樣兩人因生活被磨得氣力放盡而沒有太多言語的情況成了多數。就算聊天了，討論的也多爲和孩子相關的日常，或吹毛求疵的小事，亦可能因爲許多問題反覆出現，爭執後也有未見改善，久了也懶得再多言。

又有多久沒有好好約會了呢？以往小倆口逛街可以風花雪月，沒有時間限制，愛去哪就去哪；現在帶孩子上街卻像征戰部隊，對話通常充斥著：「啥時要換尿布？」「下次餵奶的時間？」「百貨公司的哺乳室在哪？」「你顧一下小孩我去上廁所，很快！」

吃飯只能花五分鐘，然後要輪流帶著按捺不住的孩子去外頭晃晃，假日其實也是值班日。那蜷臥在沙發上互相講著幼稚的話語、打情罵俏的雅緻閒情，已許久許久未曾出現。

最令人煩躁的，當屬婚後變得複雜的人際關係。

現在太陽徹底理解什麼叫結婚是兩個家庭的事，家庭被帶入更多新的混亂的因子，長輩對許多事情多有意見。特別是金孫備受婆婆媽媽公爺姑嫂寵愛，生活教養上人多嘴雜、意見分歧，不再是兩個人決定就能迅速解決的事。

需要的溝通變多，父母不堪其擾，麥特想必也夾在婆媳妯娌的女人戰爭中左右爲難、疲於因應，親友中也不乏有婚姻不知怎地走到末路，食之無味棄之可惜的案例。而小孩，居然變成勉強維持婚姻關係的唯一連結。

「哎呀有拿錢回來就好，其他怎樣都沒關係。」

搖搖頭，自己可不想要走到這步。太陽很清楚，自己不是「爲了有孩子」而結婚的，她希望和麥特互相陪伴並成就彼此，是一輩子的好友、知己、靈魂伴侶。有講不完的話，聊不完的天，以及只要相伴無聊的日子都能有趣起來的信心。

走到目前膠著的境地，並不是單方面的問題。柴米油鹽的確消磨了浪漫，太陽知道這是婚姻必經的課題，但自己當初想讓愛情持續延燒不熄的熱情及堅定，又跑到哪去藏起來了？

「或許我也變了，變得太不可愛了！各自忙碌，對他的關心也少了吧……動不動就因爲小孩的事對他兇巴巴。」之前麥特工作值班，自己還會準備宵夜過去暖他的胃和心，已經好久沒有這樣做了呢！今天剛好是他的值班日，應該要做點改變，今晚就帶寶寶去找他吧！

為了多重身分的平衡，只好壓縮「伴侶」角色?!

每對夫妻在生養孩子後，都會遇到因「過渡成為父母」，而導致「伴侶」角色被壓縮的問題！

孩子的誕生在家庭中，的確會造成家庭成員中動態關係的改變。夫妻必須重新安排他們的生活和人際關係，以適應配合孩子的需要，互相扮為戀人或愛人的比例開始偏低，減少了讓對方愉快的言語或行為，互動上就產生變化。

以女性為例，懷孕時，「戀人、夫妻」身分的自覺比例為34%；產後六個月為22%，當小孩一歲半時大概降到21%。

而男性作為伴侶或戀人的自覺也是逐漸下降的，在兩年的過渡期內，從35%下降到30%到25%。

但別忘了！在成為父母前，我們是夫妻。有一些相處的小眉角，能讓兩人關係更緊密：

1.表達感謝

別將彼此的付出視為理所當然。

研究顯示，懂得表達感謝的人，往往會有個滿意度較高的人際關係，對伴侶的努力表達感謝，也有助於開啟良性互動及保持親密。

2.一起開發兩人新的興趣

新的興趣能將兩人重新融合在一起，創造新的話題，並在平凡的日常中製造趣味及火花。

選擇不會太耗時的事情，例如列出想去吃或住的餐廳或民宿，然後規畫每幾週就一起去體驗。

3.規畫專屬兩人的時間，互相陪伴交流

不要默默把失落放在心裡。有時我們認為伴侶不在乎彼此關係的經營，但可能是他也正在努力度過每一天，也在和疲憊奮戰，而忘了告訴妳他同樣在乎你們的關係。

特別騰出時間陪伴彼此是重要的，譬如每天睡前十分鐘的談天，或是無須言語，僅僅是擁抱也能讓兩人彼此更靠近。能夠做到這一點的夫妻，研究顯示在親職上的壓力反而會比較小，婚姻滿意度較高。

4.接受並非所有問題都能解決

兩個個體來自不同成長背景和家庭，所以個性或價值觀不一

定會相同。比如在兒女教養方面，爸爸可能是放任派，但媽媽可能是虎媽。

我們若接受有些事情很難改變，就不需要以說服的角度去證明誰對誰錯造成爭執，反而可以將焦點放在彼此的共通性上：比如即便教養方式不同，但都是關心愛護孩子，以互相合作的角度在不同的情境下變化管教方式，或許也能得到不錯的效果。

婚姻與家庭諮商最受尊敬專家之一的約翰・高特曼（John Gottman）博士說：「給予你孩子最大的禮物，是夫妻間牢固的關係。」

生兒育女對兩人世界來說，其實是巨大的變動和混亂，需要兩人更多高質量的溝通與協調。

反覆磨合的過程可能千瘡百孔，但這樣努力的過程，若得以倖存，這些相知相惜的默契，會比王子與公主天真的童話故事更扎實穩定、更深刻。

15 當信任瓦解

忠孝東路走九遍。果真沒錯，失魂落魄的時候，不會知道自己經過什麼，也沒有任何確切的目的地，就是重複一直走，來回一直走。太陽知道自己有個家，但不想回去，不想面對滿口謊言的那個他。

無意中看見的曖昧留言，讓上密碼鎖的手機更顯可疑，原本只想讓想像停在只是逢場作戲，直到汽車旅館消費的事實呈現在眼前，太陽只覺得天崩地裂。

到底是爲什麼？麥特說了很多次，沒有愛，只是一時迷惘，想逃避生活壓力，及出於新鮮；女方說，沒有愛，剛好自己失戀，需要陪伴而已。

「不要因爲我離婚，我眞的感到很抱歉！」這句話從麥特外遇對象口中吐出，聽來格外諷刺。

「若眞要離婚，我想妳個人，也不會是那關鍵因素。」太陽冷冷地說著。

這兩人都很該死。尤其是麥特，說是最熟悉的陌生人也不爲過。未有確切證據時謊話連篇、打死不認，還責罵自己疑神疑鬼。東窗事發後，兩個自私的人淨想自保，想大事化小小事化無，卻讓認眞的人爲了一時的情欲、一段毫無內涵的關係傷透了心。

麥特極力挽回，太陽完全能感受到他不想因一時的貪玩，失去老婆、孩子、整段婚姻關係及家庭。他的確後悔，知道自己犯下大錯，也在盡力彌補的過程中，等待著太陽的復原。

但她一定要接受嗎？

交往結婚也一段時日了，但此時的麥特對太陽而言，像一隻不認識，或必須重新認識的猛獸，不知何時可能冷不防被咬一口。但多年的相知加上雙方家庭、孩子的牽絆，都讓無論分開或繼續，有了更多需要考量的因素。

被背叛是什麼感覺？除了憤怒難過，更難受的是那充滿懷疑、價值觀被顚覆的撕裂感，懷疑之前相處美好的眞實性，究竟叫妳早點睡，是眞的關心妳的健康，還是另有事情要忙？

創傷使得原本相信的世界變得光怪陸離，造成各種價值觀的錯亂。許多不解與疑惑席捲而來：砲友、一夜情等其實很普遍？是自己太傳統、太大驚小怪？性和愛本來就可以分離？只是玩沒關係，心還在自己身上就好？

在數個不成眠的夜晚，太陽翻閱了千百本書籍，搜尋了網站上關於「外遇」「出軌」的文章，想找出個原因，爲何這樣的事會發生在自己身上？是不是自己不夠好？做錯了什麼？因爲有了孩子後，重心都在寶寶身上，忽略了夫妻關係經營了嗎？還是和婆婆長期的爭執讓麥特煩躁難耐？工作太過忙碌，忽略了麥特的需求？或是產後疏於打理自己，女性魅力銳減？抑或交往結婚多年，愛情激情化爲平淡日常，擋不住一時新鮮？

太陽試圖將自己抽離爲局外人，也嘗試用麥特的角度去體會理解，希望能減少埋怨和不諒解，或眞想這世界告訴她，這就是所謂全天下男人都會犯的錯，這樣的挫折其實在婚姻生活中不算少見。

但情緒就和毫無章法的眼淚一樣，亂七八糟不一致。有時覺得淚已經流乾，有時卻又沒有盡頭似地止不住，全然搞不清自己處在什麼狀態。

的確時間會沖淡負面情緒，各種懷疑可能也能找到答案。任何傷痛都有機會被撫平，但終究會留下疤痕，無法完全不著痕跡；而好不容易建立起的信任感一旦被莽撞破壞，修補也將是一樁大工程，很難回到最初完全沒有裂痕的模樣。

遺憾的是，無論選擇離開或留下，很少被背叛的人能回到那份全然的純眞與無條件的信任，以及繼續對愛情義無反顧的付出。

這世上的愛情信徒似乎又少了一個。身上受的傷，會自動教你提防，強迫你長大。「愛」多了點攻防，還是這才是愛情該有的實際樣貌？想成熟看待，省下不實際幻想，但心中仍不免遺憾。

她曾經也想當那永遠的少男少女，能一直勇敢愛！傻傻愛！但再次無所畏懼，談何容易？想到以往那最單純的時刻，那在海邊閃閃發亮的海灘男孩、求婚的場景、交換誓詞時，說好要讓彼此永遠幸福快樂……太陽哭了。

眞實人生總不像童話般完美無瑕，她不確定自己是否還保有勇氣繼續與麥特攜手前行。現實擊垮了她，現下的不堪，和那些美麗的曾經在腦中交雜盤旋，業已迷失方向。

面對外遇的急性調適

外遇造成的影響極具破壞性，不僅連帶造成其他關係的損傷（孩子、朋友、父母），也會動搖一個人的現實感、安全感、信任感以及自尊心的基礎。

被背叛者會經歷一連串的負面情緒反應，包括沮喪、憤怒、焦慮、自責、羞恥、低自信心和自尊心，甚至創傷後壓力症候群，無法睡眠、思考、專注或行使功能。

這不僅會對心理造成影響，且為了應對壓力源，更可能做出危害自身健康、冒險的行為，比如厭食或暴飲暴食、物質濫用（菸、酒、藥物、毒品）、過度運動或不安全性行為等。

與男性相比，女性在伴侶不忠後的情緒影響更大，被診斷患有嚴重憂鬱症的機率高了六倍；若將外遇事件歸咎於自己的過錯，做出危害健康行為的機率更高。

若不幸地經歷外遇風暴，你可以有以下急性調適：

1. 接受自己的感覺也嘗試照顧自己

經歷背叛，感到痛苦、沮喪、激動，恐懼，或混亂都是正常的。又基於壓力，可能會產生一些身體不適，比如睡眠不穩（睡得太少太多）、食欲改變（食欲不振或暴飲暴食）、噁心，拉肚子，注意力不集中等。

但最初的震驚過去後，請盡力吃健康的食物，著手規畫生活，比如按時睡覺、做些運動、安排活動等。

不管原諒伴侶與否，也不論婚姻是否繼續，都要體認到複雜的情緒和不信任感短時間不會消失，這是正常現象。

2. 不要輕易做出決定

剛開始發現真相時，通常會觸發起強烈的負面情緒。不要在這樣的時期間輕率地做出事關長期的決定，包括離婚與否、孩子撫養、財產分配等。

如果認為可能做出傷害自己或他人的行為，請立即尋求專業幫助。

3. 不尋求報復，先給彼此空間

在憤怒的狀態下，可能產生不夠理智的報復行為，例如也尋求外遇，尋求性和愛以達到報復或心理平衡。

有些人可能會從這些行為中獲得暫時的滿足感，但以此法來控制傷害和怨恨可能讓事情變得更糟，或最終對自己不利。

急性期也可能發現自己行為舉止不夠穩定理智，所以應盡量避免進行激烈的討論。

4.尋求支持

可以與可信賴的朋友或親人分享你的經歷和感受，他們可以在你的康復道路上為你提供支持，鼓勵和陪伴。

有些親友可能會對你應該做什麼（離開還是留下）有強烈的意見，但其實沒有人真正了解另一個人的婚姻中發生了什麼。可考慮適度保留細節，避免過度的批判或偏見。

5.尋求專業諮詢

面對外遇的衝擊需要一定程度的情感支持，這超出了大多數人的生活經驗，不必獨自應對。

經驗豐富的心理師會保持中立，並幫助你了解到底發生了什麼，有助更好的溝通，處理內疚、自責或羞恥感等負面情緒。

6.情緒穩定時，再來做決定

如果認為外遇很可能會導致婚姻的結束，情緒較為穩定時可思考一些實際的問題，比如經濟狀況是否足夠支付生活所需？孩子的監護安排？是否考慮伴侶或自己進行性傳播疾病檢測？以及其他法律相關議題。

女人療心室：那些子宮頸癌的女人

太陽風塵僕僕趕到演講會場，這次的演講主要是向大學生宣導預防人類乳突病毒，預防子宮頸癌的重要。準備上場的過程中，不禁想起之前照顧過的子宮頸癌女性……

「都是你都是你！一定是外面有別的女人！害我生病！害我生病！」黃小姐因做子宮頸抹片檢查，發現子宮頸癌前病變，氣急敗壞拍打著老公的肩膀，並表示要做其他性傳染疾病檢查。

「我沒有！就眞的沒有！哎唷～哪來的女人啦？醫生拜託妳，是不是也有其他的原因會感染到病毒？幫忙跟我老婆解釋一下，我眞的啞口無言……」男子向太陽求救，滿臉無奈。

「那不然我怎麼傳染的？我……這輩子就只有跟我先生……」

「嗯，黃小姐先冷靜，人類乳突病毒主要還是性行爲傳染居多，有時外生殖器接觸帶有病毒的物品，也可能感染，但……」

「你看還說外面沒有女人！死不承認！死不承認！」黃小姐迅速瞪向自己的先生！

「我還沒說完……的確這個病毒的感染有八、九成是因性行爲，不過另外一成原因不清楚。所以就先好好治療吧！黃小姐平常要吃好睡好保持心情穩定，養好免疫力！至於男人啊，與其聽他說了什麼話，觀察行爲更重要呢！」太陽不自覺講出眞實心聲。

談到性傳染疾病，難免遇到些剪不斷理還亂的家庭革命情境，有些伴侶相愛相殺、互爲攻防，倒還能互動，有些卻是往死裡恨的冷。

太陽想起那間偌大的單人病房，陳小姐，四十五歲，一位子宮頸癌末期的婦人，原團隊認爲不宜再繼續化療，卻也沒有其他積極可行控制腫瘤的方法，因此請太陽和病人及家屬談安寧緩和醫療的介入。

「太陽醫師，先給妳個心理建設，這床病人非常冷淡，不好溝通喔。」照顧陳小姐的護理師說。

「喔？爲什麼？如果不宜一開始就和病人談，我可以先和家屬解釋，陳小姐的主要照顧者是誰？先生嗎？」

「病人和先生的關係很差，病人說自己生病，是因爲先生常常上酒店、在外捻花惹草亂玩。」

病床上的陳小姐，身高160，但體重不過40出頭，骨瘦如材，雙眼卻帶著無法接近的寒冷。

她需要人照顧，也會漸漸因爲疾病的關係對他人有大量的依賴，但她不願依賴，依舊頑強對抗著命運，只是帶著恨、帶著不甘心。

「宗翰，幫我倒個水。」陳小姐指著身旁的年輕人，是她兒子，高中生，放暑假中，幾乎每天都會來陪媽媽。

「醫師，我目前沒有考慮安寧緩和醫療，還是要繼續積極治療下去。我想我們不用談這麼多。」陳小姐斬釘截鐵地說。

「陳小姐您放心，我來只是讓您知道醫院有安寧緩和醫療的相關資源和服務，不是強迫您必定要接受這樣的醫療方向，但知道有什麼資源能利用可能更有助於您和家人的規畫……」太陽放慢自己的語速，嘗試降低些目的性。

「我就我自己，沒有別人！現在身邊就剩這個孩子。我先生？扶不起的阿斗，投資失敗損失一大筆錢就算了，還拿我的錢到外面花天酒地、玩女人，然後髒東西帶到我身上！奇怪了！爲什麼養家的是我？辛苦的是我？得癌症的也是我？快要死的也是我？」這累積了一輩子的怨懟，好似怎樣倒都倒不乾淨，卻又找不到出口。

「醫生妳不用花時間跟我多說！我就是要跟他耗、他欠我多少一輩子都還不完，我就是要跟他耗……」陳小姐用平靜的口吻，喃喃地說著，也一邊下逐客令。

太陽知道光是這一次的會面，對於這巨大的心理黑洞，並不會有多少助益。陳小姐的兒子默默待在一旁，當太陽出病房時，也跟著出來了解狀況。

「太陽醫師，不好意思，其實我爸每天會過來，當然他們不太講話，我能做些什麼嗎？」

「是宗翰對吧？你眞是個好孩子。你媽媽應該還在調適中，尤其又得知可能無法繼續積極化療，難免需要時間平復的，就耐心陪伴她吧。團隊會繼續再過來關心！不過……陳小姐是會越來越虛弱的，我們希望在她後來的這段時間，能過得有品質、有尊嚴……也希望你需要任何幫忙，不要忘記我們都在。」

陳小姐後來轉到安寧病房，先生也每日在床邊照顧越漸虛弱的太太，所謂善終，總是希望能在道謝、道歉、道愛、道別的過程中，減少遺憾，放下執念。

在團隊努力，病房護理師、心理師的協助引導下，某天，先生在病床邊，道出自己對妻子的虧欠：

「我知道是我不對，把妳辛苦賺來的錢拿去投資卻失敗，也不夠顧家、不夠照顧妳，所以妳恨我也是應該，我眞的對不起……」

陳小姐落下眼淚，她沒有多說什麼，可能是虛弱，也可能多說什麼也無濟於事。太陽不知道他們的心結是否打開，也不曉得陳小姐最後，是否找到讓自己得以放下的出口了呢？

跳出回憶，太陽清清嗓子，開始今天的演講：

「各位好！相信你們都知道人類乳突病毒主要以性行爲傳染居多。無論身爲女性男性，都可能感染！我鼓勵大家不止對自己的健康負責，也對伴侶的健康負責。先來分享一些小故事……」

不可輕忽的隱形殺手

據估計，超過2／3的婦女在其一生中曾被人類乳突病毒（HPV）感染，其中25歲前婦女的感染率最高，45歲後達到另一個高峰。

HPV感染者一般沒有明顯症狀，通常九成的HPV感染會在一年內消失，感染超過一年不消失就稱為持續性感染。

高致癌型HPV持續感染十二個月以上的婦女，在三十個月內發生子宮頸癌前病變的風險增加，未來罹患子宮頸癌的機會也較高。

研究顯示，女性若長期感染高致癌型病毒且無法自行清除，則罹患子宮頸癌風險將大幅增加數十倍甚至百倍。

在台灣，每天有4位女性被宣告得到子宮頸癌！二〇一九年統計子宮頸癌更是台灣婦女癌症死亡第8位。

不論男女，人的一生感染人類乳突病毒的機率高達80%

HPV的感染不分男女，性行為是最常見的傳染途徑，但也可能透過接觸皮膚傷口、黏膜或體液而感染；外部生殖器接觸帶有的物品，包含公共浴池、溫泉、游泳池等場域也可能感染。

因此，感染不僅是女性、或是性行為較活躍的族群的專利，即使是固定性伴侶，甚至未發生過性行為，皆有可能感染。所以女孩們，千萬要提醒自己的男朋友、男閨蜜、爸爸兄弟叔伯都別置身事外。

感染了，還是可以施打疫苗

已經感染過並接受局部治療的婦女仍然是高危險群，因為重度子宮頸癌前病變的復發率可能高達5～10%。而這些婦女中，子宮頸癌的風險仍然比普通人群高出二至四倍。

當罹患中、重度子宮頸癌前病變，經手術治療後，施打疫苗，可以幫助避免再次感染，預防新發生的子宮頸癌前病變或癌症。

研究結果顯示，疫苗對於曾經感染，但已經自體清除的婦女和男性皆有保護效果；歐洲婦癌與陰道鏡學會建議，不論感染狀況，仍可為19～45歲的婦女提供疫苗接種。

定期抹片檢查是基本，搭配疫苗保護更完整

國民健康署建議30歲以上的婦女，至少每三年做一次子宮頸抹片檢查，若是未滿30歲但已有性行為三年以上的年輕女性，可考慮選擇自費檢查，以確保健康。

根據研究，當女性持續感染高致癌型，十年後，變成重度子

宮頸癌前病變風險為13.6％（22～32歲），在40～50歲族群風險會提高為21.2％。

而子宮頸癌有超過70％是由HPV第16、18型高致癌型別所引起的，依醫囑接種疫苗可預防約70％的子宮頸癌發生風險，若想要達到以上預防，則疫苗須涵蓋台灣常見的型別。

男性打HPV疫苗，是很Man的表現！

關於子宮頸癌的一些小迷思要澄清一下！子宮頸癌是女性十大癌症死因之一，也聲名遠播，造成有人以為只會感染女性、不感染男性。

其實人類乳突病毒不分男女，男性也會感染HPV，而且盛行率其實一生都高於女性。女性將HPV傳染給男性的比例其實比男性傳染給女性高，只是容易被忽略！

所以我們鼓勵男性也要打ＨＰＶ疫苗，因為對男性自己而言，自己也比較不會得菜花，或甚至生殖器周圍癌症，例如肛門癌、陰莖癌、口腔癌等。且站在保護他人的立場，男性施打ＨＰＶ疫苗也是保護另一半，並能減少ＨＰＶ病毒的散播與感染！

16 和解、寬恕、原諒

基於對日常生活的循環及夫妻衝突感到無奈，麥特也心存僥倖，想著只要不愛第三者，外遇就是可以允許的；只要另一半不知情，就不會有所傷害。但麥特沒想到原本自認能掌控的小事見了光後，付出的代價如此高昂，幾乎要毀了這場婚姻。

對麥特來說，他已迅速離開第三者，也將所有一切坦承告訴太陽，事情的本質對他而言可以很輕易抹去，也根本沒有提的價值。

他想快速回到原本的生活，但也深知自己需要付出極大的努力修補，也該尊重太陽的復原節奏。

對太陽來說，創傷已讓她原本相信的世界變得錯亂，無法分辨眞僞。若選擇持續這段關係，擔心的是會不會還有下一次背叛？

這是一場冒險或豪賭，若做出的選擇有很大的機會會對自己不利，或賭了一定輸，有誰會願意呢？

剛開始知道眞相，受傷的那方情感上極大的嫌惡、憤怒、憎恨是鋪天蓋地席捲全身，太陽選擇暫時分居，降低腦中的混沌與衝擊。

不用看到麥特，就不用面對令人難過的事，也算是種逃避吧。她帶著孩子回到娘家，也為此感到挫敗。

原本希望自己是理想中的果決女子，遭遇外遇背叛就沒有二話分手、離婚！以為自己能斬釘截鐵，但身心雙重受創、脆弱疲憊的情況下，她只希望暫且逃離世上一切紛擾。

「如果你覺得我們還能繼續，不值得被這件事擊倒，或事情其實沒有我想像的糟。你要幫幫我，因爲目前我對跟你的這段關係信心薄弱。」太陽對麥特說。

主動詳細報備每天的行程，透明化手機電腦電子郵件等帳號密碼，他們閱讀了關於外遇後療癒修復的書籍，麥特也以每日的信件，文字來往間眞誠地梳理關於事件、關於自己行爲的來龍去脈，心境轉折，點滴的懊悔，並回答太陽內心所有的疑惑。

麥特用自己的方式搶救這段命懸一線的婚姻，嘗試強化其中的聯繫。因爲稍不留神，他知道他眞的會永遠失去她。

麥特邀請太陽一同參與心理諮商療程，讓許久不曾好好相處對話的夫妻，在心理師的引導下，講述風暴帶給彼此的影響及創傷。除了處理事件的衝擊，也觀察兩人在溝通上容易產生衝突及歧異的模式，及長久以來存在的相處問題。

共同會談不是個容易的過程，太陽常上一秒氣定神閒，下一秒接觸到關鍵議題，不禁眼淚瞬即滴落，那些難過、氣憤、尷尬、愧疚、羞愧、不知所措都是直接地呈現並影響著雙方，共同感受，並共同承擔。剛開始是傾吐、釋放情緒，但更進一步的課題則是找到共識。

修補重建安全感及信任的確是極爲困難的過程，太陽變得敏感、容易不安，她在拋下或接納麥特的天秤上徘徊著。

其實麥特也不好受，事件發生後，他十分努力地配合太陽在安全感上的需求，有時難免承受不合理的懷疑或疏離，但他沒什麼好辯護的，只能概括承受。

因太陽的痛苦而產生的罪惡感也時常出現，這個彼此互相進退的過程並不容易，耗費極大的心神及代價，爲此，麥特時常後悔自己的輕率。

太陽想起媽媽說過：「如果覺得無法再繼續想離婚，媽媽一定會支持妳，離婚不代表失敗。妳的人生還是持續行進啊！不過就算是另一段關係，也可能有不同的問題要處理，家家都有本難唸的經。」

「媽媽您覺得我該怎麼做呢？」太陽無所適從。

「這個誰都無法給妳答案或幫妳決定唷。婚姻不可能永遠風平浪靜，離婚有離婚的作法；繼續維繫，更有難關需要克服，但事情終將要面對的，對嗎？」

婚姻的大型風暴，眞的是因問題長久積累後而引爆嗎？這不盡然。有些人即便家庭幸福美滿、無所挑剔，也會因一己私欲外遇；有些則的確是夫妻雙方關係弱化失衡而招致危機，成爲逃避的方式或藉口，但傷害的都是整個家庭。

的確，一場風暴擾亂原本的生活。原本發炎的傷口現已鮮血直流，逼著雙方一起面對，但他們也因此重新拾回原本忽略的東西，開啓深層的對話，重視、正視對方的需求。若說危機也可以是轉機，這次的風暴也讓他們有去除婚姻堡壘中斷垣殘壁、殘破不堪部分的機會，了解「關係」本是變動的，若想和活水般活絡源源不絕，就需要持續用心經營。

婚姻，當你開始抱怨平淡，令人不堪負荷的事件就跳了出來，讓你又開始懷念平凡的好，平順就是福。

關係中有了磨難從不是一個人的事。無論誰先捅了誰一刀，讓另一半受傷至深，無論是否曾經怒目而視、萬念俱灰，若決定不分開，就必須調整步調到一致，再次想辦法牽起手同行。究竟值得與否，故事中的人才知道。

風暴後的修復之路

儘管外遇的負面影響明顯也充分，但若處理得宜，雙方發展出更緊密的婚姻關係，意識到溝通對於婚姻品質的重要性，並賦予家庭更高的價值是可能的。

伴侶間安全感的重新建立，寬恕是一個關鍵要素。

寬恕是一個持續不斷的過程，需要時間，而不是一個獨特的事件。直接建議被背叛者採以寬恕和遺忘是錯誤的方法，因為若被背叛的一方未能得到保證，外遇所引發的創傷及負面情緒依舊會反覆出現。

發現被背叛後，你可能不確定應該離開或留下，如果想修復這段關係，我們可以問自己幾個問題幫助釐清思緒：

（1）能原諒伴侶的行為嗎？

（2）是否放下了對伴侶背叛的憤怒和怨恨，能夠繼續向前邁進？

（3）是否需要彼此間的承諾，讓你能繼續信任伴侶？

若雙方都決定待在這段關係中，美國華盛頓大學的社會心理學家約翰・高特曼（John Gottaman）提出3階段過程，幫助夫妻從外遇中修復。

階段1：彌補

首先外遇方必須結束戀情並完全停止、切斷所有聯繫。這是必要且不可商議的部分。

而外遇方即便面對伴侶的懷疑，若願意承認錯誤，用不防衛、不逃避的方式表達後悔，並展現希望重新修復的堅決，才有助於提升被背叛方在關係中「繼續冒險」的意願。沒有這點，就不可能在外遇事件後重建關係。

當然被背叛方也要給予「寬恕」的空間。不忠的人需試圖理解對方的感受並承擔責任：「我打破了對這場婚姻的承諾。我願意對自己的行為完全負責。」

若是防禦武裝自己：「都是你忽略我，我才和他有進一步發展。」諸如上述的抗辯，對關係修復是無濟於事的

有了上述，伴侶間才得以開始明白彼此間發生什麼問題，去了解導致這一事件的原因。

階段2：協調

當一對夫婦開始寬恕，並準備好在不互相指責的狀況下重建關係，就進入到協調階段。

建議破壞信任的那方將雙方關係置於首位。在此階段，伴侶間會對於可能發生的衝突，協調出解決的方法和計畫，要彼此承諾、互相理解並合作。同時也告知親友彼此希望修復關係的決定，獲取外在支持。

階段3：接觸

最後一個階段涉及到伴侶間身體的重新連接。

伴侶關係還是要回到臥室，學會互相信任，共享親密關係的愉悅，雖說這對於身為「受害方」而言是困難的，但若無法在性關係上重新連結，就不算真正地重新建立起親密關係。

由上述過程可看出信任修復與關係重建是一個強調雙方互動的過程，且可能充滿矛盾、反反覆覆，在信任與不信任間來回的過程。經歷這些階段時，當然可能遇到挫折，但雙方若有齊聚共識願意共同面對，關係便有望恢復且再次變得牢固。

17

給親愛的太陽

給親愛的太陽：

謝謝妳願意跟我一起去諮商，即使要再一次面對傷口，妳還是很勇敢的正面對決。而我似乎要再多加油一點，不要害怕面對自己犯下的錯誤，除了承認它，也要面對它，才有辦法避免再次犯錯！

關於自己，我整理了諮商後理出的脈絡，加上一些我的想法，希望能更

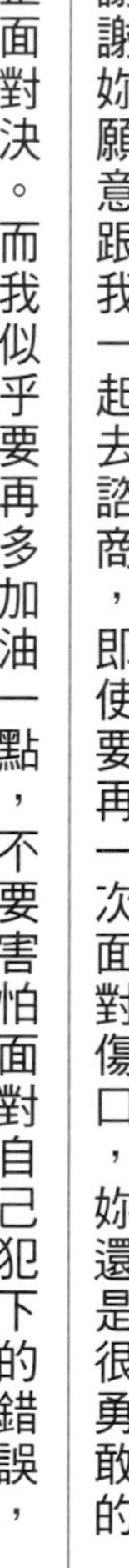

貼近真實的原因，進而去徹底解決，讓妳不再擔心不安。

關於被拋棄感：

在寶寶出生後，我的確沒有調適得很好，也沒有意識到我應該要轉換自己的角色。除了愛情之外，我還應該是個伙伴，一個一起承擔家庭責任的伙伴，可以互相照顧互相幫忙，而不是當個大小孩跟小寶寶爭寵。

也因為認知不夠，常常會覺得明明已經犧牲很多自己的需求，為什麼狀態還是一片混亂？再加上自己的情緒過分壓抑，處在不是很健康的情況下，所以也無法好好去面對問題，久而久之親密感下降，連結自然就變弱了，覺得大家都在說「我想要怎樣怎樣！」卻再也沒有人關心我的感受。

再次強調，我完全認同，這絕對不能將錯誤合理化！這不是解決問題的方法，反而製造了一連串更棘手的問題。

關於失落及無力感：

有一段時間，因為妳沒有辦法把寶寶帶在身邊，所以會有很多的焦慮，也因為工作上的繁忙，很多的爭執都沒有辦法好好的解決。漸漸地，我覺得妳只對寶寶的話題有興趣，只會因為寶寶而開心，突然覺得妳好像沒那麼需要我，至少不像之前那樣需要。

現在看來，一樣就是在角色轉換上出了問題，妳不是不需要我，相反的，妳需要的是一個願意互相照顧的丈夫。那種掉到第二順位的失落感似乎讓我們的距離越來越遠了，再加上始終無法好好解決妳在意的問題，那種無力感，讓我更想要逃避。

關於新鮮感：

這大概是最直觀的理由。對於新鮮事物的刺激，會美化很多事情，因為不會有時間的檢驗，所以往往會有一些不實的幻想。再加上可以不需要面對現實的問題，相對就輕鬆許多。

現在我了解到，如果做一件事情可以帶來長期快樂，那就堅持去做。如果不會，那就連碰也不要！經過這次，有更深的體認，妳才是我長期快樂的根源，希望能給我時間，驗證並讓妳相信這些事。

我完全可以理解我們之間的痛苦程度是無法相提並論的！

尤其是妳的價值觀受到直接而強烈的挑戰，我很後悔。同時我也可以理解我們之間復原的時間，一定會有落差。

我希望回到過去，但我也希望能跟妳一起走出來。所以，當妳發現我的急躁時，請直接告訴我，我會放慢節奏，靜靜陪著妳消除心中的不安。

這不是一件容易的事，所以妳認為怎樣的安排有助於讓妳感到安心，有助於我們關係的修復，請都讓我知道，讓我去達成。

關於生活，我們最近談了很多很多。

除了面對不堪錯誤的尷尬與懊悔，還有對妳造成傷害的不捨與自責外，我真的很喜歡很喜歡這樣的交流，那樣的親密感非常熟悉，好像又回到以前單純開心的日子。

於是我更加確定，我對妳的感覺沒有變過，對我們未來的期待也沒有改變，只是停止了創造，被動的等待妳的創造，又默默地跟我們可愛的寶寶競爭。漸漸的，我們之間的距離越來越遠，直到我犯下了錯誤。

妳知道嗎？不是我不需要妳，相反地是我真的太依賴妳了，依賴妳的活力替我們創造生活樂趣，依賴妳的熱情讓我覺得自己很重要，依賴妳的愛讓我感到安全，依賴到我都忘了付出，只想接受。

所以，我必須要很認真地向妳表達，我以後會更加認真經營我們的生活，也會重視妳的需要，同時勇敢表達我的需求。

妳說得對，其他人一樣會遇到這樣的困境但全身而退，是我的能力不足，需要透過錯誤來學習，拖累了妳跟我一起受罪。

但經過這次大破壞後，我放下主觀意識，去聽聽其他人怎麼說，去思考自己到底要什麼，去面對自己自溺的情緒。

這會是個漫長的過程，很感謝妳願意在這裡陪我一起，我不會再讓妳失望了！

麥特

18

為什麼想離婚？又為什麼不？

面對婚姻重大的衝擊，太陽生平第一次找上了專長於家事事件的律師，爲可能離婚做謀畫。

這是位女強人，協助過許多名人的離婚案件，業界盛傳只贏不輸。

第一次見面，年約四十多歲的女子，原以爲作風會十足犀利，但言談間卻多了好幾分溫暖穩定的力量。在得知事件來龍去脈後，律師問：

「他態度如何，想繼續嗎？」

「嗯，是很積極地挽回。」

「外遇對象斷了嗎？」

「馬上就沒往來了。」

「你們有小孩嗎？」

「嗯有，一歲多。」

「那最重要的，妳呢？妳想繼續嗎？」

「律師您知道的，總是擔心會不會有下次。」

「婚姻啊，這事情很難說，妳遇到的事件還算……還有繼續的可能，辦過這麼多離婚，千瘡百孔的一大堆。」

「律師是說我還不算太慘嗎？」

太陽笑了起來，彷彿找到吐苦水的人，能話家常一番。

「對妳來說打擊一定是很大的，原本風平浪靜的人生嘛！我則是天天在處理這類事，從一堆爛掉的水果找到一顆還能吃的不算難。婚姻不是人生的全部，還有自己的工作、親友、孩子、興趣都是生活的一部分，像我都鼓勵我先生多擴展自己的交友圈……」

「怎麼跟律師聊天，反而有種另類心理諮商的療癒感？」

「我先教妳寫切結書！還有些蒐證的方法。眞想離婚了，歡迎再來找我。」

除了溫柔地心理治療，以法律契約的角度讓被背叛者認爲取得保障，是最快也實際讓受創一方感到安心的方法，當然愛情及信任感的修補，並非一蹴可幾。

面對婚後的一系列風暴，太陽有時懷疑，婚姻只是加速耗盡兩人緣分的一個手段而已。

而離婚？在婚姻中載浮載沉的人，肯定都曾有這樣的想法浮現於腦海。

小時候，爸媽時而吵得不可開交，時而如膠似漆。媽媽常常提及和婆婆姑嫂間的鬥法，以及爸爸曾說的、令她心寒的話。

他們也有正當氣頭上衝動說要離婚的時刻！造成衝突的問題始終沒有很好的解決，但相伴多年培養的默契又像一條隱形的線連結彼此。

爸媽的婚姻，並沒有酒色財氣等事件的重創，就是一般家庭柴米油鹽醬醋茶的日常，低衝突婚姻的常態樣貌，但也足以製造出爭執及疲憊。

結婚前，太陽不斷地觀察，那所謂婚後永遠幸福快樂的神仙眷侶，是否眞正存在於人間，結果常常讓她失望。一對對曾被視爲佳偶的名人，共度了幾年難逃離異。新穎的「開放式婚姻」相處模式，還有「卒婚」亦引發不小討論。社會新聞不時出現外遇偷腥案例，其中不乏第三者因爲「眞愛」離婚，過一段時間又再離婚。

麥特說就是因爲不美滿婚姻居少數，所以才會報成新聞，但在離婚率攀升的現在，太陽逐漸思考，也許這些「危機」其實才是婚姻的常態。

就算是偶像劇，也大多演到曖昧男女經歷些挫折後有情人終成眷屬，之後就不繼續演了；或者戲劇作品中，最能保留愛情炙熱無瑕樣貌的劇本，通常是某一方因爲意外走了或因病過世，雙方關係在依舊美麗、且無所損傷的階段戛然而止。淒美的愛情爲我們留下無限想像空間，不給多餘互相怨懟的時間和機會……

婚姻維繫不容易。雖然曾動過離婚的念頭，但離婚是否會比較好，並非太陽能精準算計。

婆婆的傳統和碎嘴是不可能改變，但幾次的磨合和革命，也是拉出了雙方相處適當的距離。麥特越來越了解協助雙方和諧相處的方式，在工作家庭平衡調適上，麥特也著實給了太陽許多的支持和發揮。

外遇事件的痛重創他們的婚姻，她得到合理的保障，或許也得到個更明白自己感情需求、深知「萬不可再輕易犯錯」的另一半。

麥特毋庸置疑是個很棒的爸爸，孩子十分愛他，且平心而論，他對家庭著實盡心盡力務實付出。

離婚後，的確可能遇到不會有上述困境的另一個人，你們可能會再獲得一段只需要仰賴新鮮感和激情荷爾蒙的時光，但是否有新的重大難題需要面對，誰也不能保證。

「這對妳眞的不容易，看到這個人，想到曾經的背叛，這樣的疙瘩會不會永遠存在呢？」閨中密友忍不住問太陽。

「我也不知道，時間到底能不能撫平傷口呢？」太陽悠悠地回答。

「我好奇的是，如果妳選擇留下來，原因是什麼？」密友好奇繼續問著。

「一個更好的他，以及知道幸福得來不易，千萬別犯險破壞，要好好珍惜的我們。」

太陽相信，婚姻這條路上，沒有永遠的一帆風順。只有能不能繼續攜手向前的兩個人。

若說婚姻也是種契約的概念，那兩人願意合作經營家庭，其中就難免遇到困境。但若找到方法持續運營，情況也持續轉好，也沒有一方放棄，我們就自動展延合約吧！

失婚心情調適之道

離婚是一個改變生活的重大事件，但越是不穩定，越忌諱急就章。離婚前該做怎樣的心情調適呢？以下介紹五個技巧：

1. 問自己盡力了嗎？

確認你已盡一切努力使事情順利進行。

在你決定離婚前，問問自己是否已經盡了最大努力去經營或挽回。結束一段婚姻並不容易，但如果你對人生的這一章有一種盡力了、真的無法再有所進步，是該結束了的感覺，實際行動時會順利得多。

2.勇敢向前邁進吧！

你已經盡一切努力讓你的婚姻成功，現在你知道離婚是和平前進的最佳選擇。

一旦下定決心，請盡可能以務實的態度處理離婚程序中涉及的法律步驟。

這並不意味著不會感到悲傷、壓力、悲傷或憤怒，但如果在辦理離婚的法律步驟時，讓情緒化劫持了理性，可能會亂了陣腳，難以做出恰當的決定。

3.低潮是必須接受的過渡時期

難免會有一陣糟糕難耐的過渡時期，但學習和低潮共處會帶來成長。試圖用暴飲暴食、酗酒、過量鎮定藥物或與錯誤的人發生性關係來麻醉自己，只會讓你感覺更糟，拖慢離婚速度，並可能威脅到監護權計畫。

4. 父母難以啟齒的傷害

對於父母來說，離婚最難開口的，可能是害怕在情感上傷害孩子。但研究表示，大多數孩子在離婚後的兩年內都能很好地適應；另一方面，如果父母仍然處於高度衝突的婚姻而不是分手，孩子往往會遇到更多問題。

在離婚過度期間，父母可以做很多事情來緩解孩子的情緒。請盡最大努力讓孩子遠離任何衝突。持續的父母衝突會增加孩子出現心理和社會問題的風險。

記得與孩子保持溝通管道暢通，對於離婚的父母來說，提出一個計畫並一起呈現給他們的孩子通常是有幫助的。

在許多情況下，突然的變化對孩子來說可能很難適應。如果可以，請在可預期的變動前（譬如父母任一方搬走前），提前幾週告訴孩子。

當孩子與父母雙方保持密切聯繫時，他們會適應得更好。研究表明，與父母一方或雙方關係不佳的孩子可能更難應對家庭動盪。

5. 照顧好自己

分居或離婚帶來的變化可能是壓倒性的，但現在比以往任何時候都更重要的，是照顧好自己。

利用你的支持網絡，向家人和朋友尋求幫助和安慰，可以幫助應對婚姻結束帶來的多種情緒。

與值得信賴的人交談，能幫助你減少孤獨感，並開闊你的視野！提醒自己將有一個更美好的未來等著你，而自己每天都離它越來越近。

為了在開始新的篇章時保持積極的態度，請嘗試參與你曾經喜歡、但已經有一段時間沒有進行的活動，或者嘗試新的愛好也很不錯，也請透過正確飲食和鍛煉來保持身體健康吧！

【後記】永誌不渝本不易

幫小女兒講睡前故事時，看她的反應是很有趣的事。〈七隻小羊〉〈小紅帽〉〈三隻小豬〉〈狼來了〉等講很多遍，唯獨〈白雪公主〉〈灰姑娘〉〈睡美人〉之類，我會稍做改編，如「白雪公主和小矮人分工合作蓋房子打敗壞人」，或「灰姑娘用智鬥垮後母和壞姊姊」等，以不同的角度詮釋，再說給她聽。

「王子和公主從此過著幸福快樂日子」是我從未輕易道出的故事結尾，我不想給孩子莫名其妙就能幸福快樂的想法。

大家都知道，真正的故事都是婚後才開始的，只是偶像劇都只演到最輕鬆的那段，光靠荷爾蒙操控就激情四射火力全開的時期。

小時候讀張愛玲的《傾城之戀》，總覺得這算什麼愛情？一個是玩世不恭的浪蕩子，一個是只想釣金龜婿的女子。沒有完美無瑕的犧牲奉獻，並非渾然天成的琴瑟和鳴，兩人互動有的是功利與算計，一點都不唯美浪漫。但越是長大談過戀愛、走入婚姻，越發現白流蘇和范柳原的故事才著實貼近愛情真實的樣貌。

他們在太平的日常互相欣賞，也互有盤算，後因戰爭、城市的陷落找到了患難與共的情。在婚姻這道牆中的我們，不也在各樣的角力間學習相知相惜？

我是相信愛情的，若讓我再選一次，我也還是會結婚生子的類型。只是我們需要用更踏實的角度去解讀愛情，那些達不到的幻想，讓我們寄託在戲劇就好。

無條件地永誌不渝其實不容易，任何愛情都需要面對荷爾蒙燒完的時候。而生活大部分在處理人性和現實的問題，婚姻也是。

真實的狀況，是我們往往較少有機會去擔心下一秒會不會出現壁咚、霸道總裁親上我的嘴，或摯愛患病不久於人世、摯愛要到前線打仗可能回不來的這種較屬極端的問題；而婚後孩子怎麼帶、家庭開銷怎麼分配、平常雙方家庭長輩關係維繫等瑣事，才是我們必經的日常。

這種又臭又長、甚至萬年難解的窘況最煩人。不但無法產生讓你臉紅心跳的危橋效應，浪漫還會逐漸被磨損、讓缺點無所遁形。有時候，我會覺得找個所謂「最愛的人」來一起試煉這些問題會不會太可惜，但無法共同「生活」，只能互相當男神女神供奉著不代表什麼，只代表連面對人生最平凡無聊的關卡都過不了而已。

對婚姻，不用有太多憧憬或恐懼，說穿了也就是個長時間與人相處的能力。當然這個對象很特別，是愛人、知己、隊友、也是契約上的夥伴、一個家庭共同的經營者等。

我們本來就很會與人相處嗎？我不覺得這很容易。相處是一輩子的課題，EQ再高的人也有負面情緒。

事業上的夥伴理念不合只能拆夥，同樣經營一個家的夥伴搞不定當然也可能離異。

意亂情迷時，他可能讓妳覺得像個無所不能的超人、非他不可，亦能與全世界為敵；但愛情再無所不能，人性的考驗一直都在。欲望、貪心、懶惰、追求新鮮、猜疑、嫉妒等，會時不時來考驗你的人生。

結婚誓詞唸過就唸過了，婚禮、婚紗、眾人祝福將浪漫幸福感堆疊到了頂點，但不代表兩人會一直停在那頂點，自然而然就永垂不朽。

婚姻中，兩人的關係一直在變動，像彼此角力競逐，也像跳交際舞，前後進退。有時妳愛他多些，有時他對妳多些關注，可能某一陣子感覺幸福到極點，但某個試煉到來的下一刻，又覺得似乎和離婚的距離也不算遠。

這麼多佳偶良緣，從沒動過離婚念頭的可謂少之又少，一來一往間是在動態中取平衡，光靠一個人也不行。只有兩人都有共識一致想朝某個目標努力，才有可能走到彼此都想去的方向。

愛情本來就非童話。看到名人離異爭取子女監護權，曾羨煞旁人的金童玉女宣告離婚，似乎也不用太訝異，或大嘆不相信愛情，其實我們都只是平凡人而已。

但我還是必須肯定，對於婚姻要經歷這麼多現實、不浪漫的問題，能挑個相愛、互信的人一起面對還是好的。因爲即便過程艱辛，讓彼此傷痕累累，但還有機會在重重挑戰後互相依偎擁抱、更了解諒解彼此，體會「好累喔，還好有你一起」的感覺。

感情是否幸福美滿無關顏値智力，儘管離婚率日漸攀升，不代表我們找不到自己希冀的伴侶關係。願有情人彼此淬煉，不只是終成眷屬，亦能成就彼此，皆成爲那越發自信完滿的自己。

國家圖書館出版品預行編目資料

親愛的，妳還可以是妳自己：許書華醫師陪妳聊那些童話故事後的未完待續／許書華 作.
-- 初版. -- 臺北市：如何出版社有限公司，2021.12
256 面；14.8×20.8公分. --（Happy learning；200）
ISBN 978-986-136-607-4（平裝）

1.自我實現　2.生活指導　3.女性
177.2　　110018229

Eurasian Publishing Group
圓神出版事業機構
用心與你對話・視野無限寬廣
如何出版社
Solutions Publishing

www.booklife.com.tw　　reader@mail.eurasian.com.tw

Happy Learning 200

親愛的，妳還可以是妳自己：

許書華醫師陪妳聊那些童話故事後的未完待續

作　　者／許書華
攝　　影／謝文創攝影工作室
發 行 人／簡志忠
出 版 者／如何出版社有限公司
地　　址／臺北市南京東路四段50號6樓之1
電　　話／（02）2579-6600・2579-8800・2570-3939
傳　　真／（02）2579-0338・2577-3220・2570-3636
總 編 輯／陳秋月
副總編輯／賴良珠
專案企劃／尉遲佩文
責任編輯／丁予涵
校　　對／丁予涵・柳怡如
美術編輯／簡瑄
行銷企畫／陳禹伶・曾宜婷
印務統籌／劉鳳剛・高榮祥
監　　印／高榮祥
排　　版／陳采淇
經 銷 商／叩應股份有限公司
郵撥帳號／18707239
法律顧問／圓神出版事業機構法律顧問　蕭雄淋律師
印　　刷／祥峰印刷廠
2021年12月 初版

定價 320 元　　ISBN 978-986-136-607-4